# 建立科学高效专项转移支付体系

全国预算与会计研究会
冯秀华等编著

中国财经出版传媒集团
中国财政经济出版社

图书在版编目（CIP）数据

建立科学高效专项转移支付体系／冯秀华等编著
--北京：中国财政经济出版社，2020.12
ISBN 978-7-5095-8735-5

Ⅰ.①建… Ⅱ.①冯… Ⅲ.①专项资金-财政转移支付-研究-中国 Ⅳ.①F812.45

中国版本图书馆 CIP 数据核字（2018）第 287245 号

责任编辑：卢关平　　责任校对：张立宪
封面设计：孙俪铭　　责任印制：张　健

建立科学高效专项转移支付体系
JIANLIKEXUEGAOXIAOZHUANXIANGZHUANYIZHIFUTIXI

中国财政经济出版社 出版

URL：http://www.cfeph.cn
E-mail：cfeph@cfeph.cn

社址：北京市海淀区阜成路甲 28 号　邮政编码：100142
营销中心电话：010-88191522
天猫网店：中国财政经济出版社旗舰店
网址：https://zgczjjcbs.tmall.com
北京富生印刷厂印刷　各地新华书店经销
成品尺寸：175mm×250mm　16 开　12.5 印张　201 000 字
2021 年 11 月第 1 版　2021 年 11 月北京第 1 次印刷
定价：49.00 元
ISBN 978-7-5095-8735-5
（图书出现印装问题，本社负责调换，电话：010-88190548）
本社质量投诉电话：010-88190744
**打击盗版举报热线：010-88191661　QQ：2242791300**

# 前　言

党的十八届三中全会通过的《中共中央关于全面深化改革若干重大问题的决定》指出，“建成富强民主文明和谐的社会主义现代化国家、实现中华民族伟大复兴的中国梦，必须在新的历史起点上全面深化改革”。“全面深化改革的总目标是完善和发展中国特色社会主义制度、推进国家治理体系和治理能力现代化”。因此，“进一步解放思想、解放和发展生产力、解放和增强社会活力，坚决破除各方面体制机制弊端”，“让一切创造社会财富的源泉充分涌流，让发展成果更多更公平惠及全体人民”。党的十九大报告指出，“中国特色社会主义进入新时代，我国社会主要矛盾已经转化为人民日益增长的美好生活需要和不平衡不充分的发展之间的矛盾”。而“人民美好生活需求日益广泛，不仅对物质文化生活提出了更高要求，而且在民主、法治、公平、正义、安全、环境等方面的要求日益增长”，这就使具有公共价值的社会共同需要有着更为重要的意义。

中国地域辽阔，环境差异，国情复杂，人口众多，生产力结构多元且呈多层次，致使改革之路异常艰难。多年存在的发展不平衡与不充分之间既有区域间的也有结构上的；既有生产力发展水平方面的，也有社会与经济发展关系层面的。在推进国家治理体系和治理能力现代化与社会主要矛盾已经转化为满足人民日益增长的美好生活需要和不平衡不充分的发展之间的矛盾条件下，财政作为“国家治理的基础和重要支柱，科学的财税体制是优化资源配置、维护市场统一、促进社会公平、实现国家长治久安的制度保障”。因此，构建科学、规范、法治的现代财政制度，通过政府途径解决问题的最直接最有效手段就是财政转移支付制度。而完善一般性转移支付增长机制，清理、整合、规范专项转移支付项目，加大专项转移支付制度整合力度，取消政策到期、任务完成或者目标实现、绩效低下等已无必要继续实施以及市场机制能够有效调节的专项，取消竞争性领域专项，整合多头管理、同一方向领域的专项，严格控制新设专项转移支付，是建立现代财政制度不可回避的重要理论课题和实践探索之路。

基于此，2017 年初，全国预算与会计研究会会同财政部预算司通过深入调查研究、广泛征求意见，设计了《建立科学高效专项转移支付体系》研究课题，并于同年 4 月选择河北、黑龙江、福建、湖南、广东、广西、重庆、四川、云南等 9 个省（区、市）预算与会计研究会及财政厅（局）作为课题研究成员单位，共同参与课题研究。课题组围绕我国现阶段社会主要矛盾与现实问题，就我国专项转移支付制度的发展现状、做法与成效、存在问题的原因和各自实践以及下一步的规范措施进行了系统性的梳理与研究，取得了阶段性研究成果，并构成本书内容。

全书分为三篇。叙述了我国专项转移支付体系的发展及成效，分析了我国专项转移支付体系存在的主要问题及原因，提出了建立科学高效专项转移支付体系的政策建议。报告认为，自 1994 年实行分税制财政管理体制以来，我国专项转移支付制度从过去过渡期探索磨合到制度化成型，逐步形成了基本适合中国国情、符合社会主义市场经济体制要求的专项转移支付制度，并伴随着经济社会发展与体制改革深化不断调整完善。第一篇为课题总报告，介绍了我国专项转移支付体系的发展及成效，分析了其存在的主要问题及原因，提出了建立科学高效专项转移支付体系的政策建议。第二篇是 9 个省份的课题分报告，分别介绍了各自省份专项转移支付体系建设现状及其存在的问题，对存在的问题原因做了分析并提出了对策建议。有的报告还介绍了专项转移支付的国际经验及启示。第三篇是附录，收录了我国财政部门专项转移支付工作需要遵守的国家法律和政策规定。

需要说明的是，党的十九大以来，我们按照新时代发展要求，立足新发展阶段，贯彻新发展理念，构建新发展格局，推动高质量发展。随着经济增长和财政总量的增加，地方经济发展不平衡加剧，特别是面对突如其来的新冠肺炎疫情，积极的财政政策保持了对经济恢复的必要支持力度，政策操作上更加精准有效，把握好政策时度效，保持适度支出强度，增强国家重大战略任务财力保障，在调节收入上主动作为。当前，面对错综复杂的国内外形势，以及双循环等新发展格局的构建，在涉及财政转移支付的战略意图、政策导向、资源配置、实施办法、财政体制、财政风险、地方债管理等方面，都有必要作出适时的调节。

需要指出的是，本调研报告的提纲设计提出较早、成果成型较早、成书较晚，而我国财政改革与发展在新时代发展很快，也许本报告包含的内容值得进一步深入研究的地方不少，但是，由本课题组全体人员共同努力协作创作的本书，对财政系统干部和关心财政问题的广大社会人士来说还是有一定的阅读参考价值的。

# 目录 ■■■■

## 第一篇 《建立科学高效专项转移支付体系》课题总报告



## 第二篇 《建立科学高效专项转移支付体系》课题分报告

## 第三篇　附　录

# 第一篇　《建立科学高效专项转移支付体系》课题总报告

党的十九大报告提出“我国社会主要矛盾已经转化为人民日益增长的美好生活需要和不平衡不充分的发展之间的矛盾”。在中国特色社会主义新时代，人民日益增长的美好生活需要不止于民生的基本需要，而延伸至更加注重民主、法制、公平、正义、安全和环境等具有公共价值的社会共同需要。以中国地域之广阔，国情之复杂，人口之众多，存在的不平衡与不充分的发展既有区域间的也有结构上的；既有生产力发展水平方面的，也有社会与经济发展关系层面的。然而无论是哪种不平衡与不充分的发展，通过政府途径解决的最直接最有效的手段无疑首推财政转移支付制度。因此，解决这类社会共同需要即在人民群体中呈现的不平衡、不充分的发展，已经成为当前我国加快建立现代财政制度需要破解的核心问题。作为财政转移支付制度重要方面的专项转移支付，亦是推进建立现代财政制度不容回避的重要课题之一。全国预算与会计研究会于2017年4月会同财政部预算司选择河北、黑龙江、福建、湖南、广东、广西、重庆、四川和云南等9省（区、市）预算与会计研究会及财政厅（局）预算处作为课题研究成员单位，共同参与本课题研究。课题主要围绕我国现阶段社会主要矛盾与现实问题，就我国专项转移支付制度的做法与成效、发展现状、存在问题及原因以及下一步的规范改革措施进行了系统性的梳理与研究。

## 一、我国专项转移支付的发展及成效

自1994年实行分税制财政管理体制以来，我国专项转移支付制度从过渡期探索磨合到制度化成型，逐步形成了基本适合中国国情、符合社会主义市场经济体制要求的财政专项转移支付制度，并随着经济社会发展与体制改革深化不断调整完善。从其发展过程看，大体可分为以下三个阶段：

**（一）探索过渡期：1995—1999 年**

这一阶段是我国分税制体制下转移支付及专项转移支付体系的过渡成型阶段，通过中央财政专项转移支付起到了实现中央政策目标以及解决新旧体制更替时期地方财力特殊需求和硬性缺口的作用。但由于分税制刚刚推出，配套措施顶层设计不足，专项转移支付有明显的过渡性和旧体制痕迹，制度创新基本上乏善可陈。其基本特征是非规范、非制度化的管理模式。专项转移支付缺乏清晰的定位和制约，主要做法是“地方申报—央地谈判—领导批示”，专项资金补助额度取决于地方谈判要价的能力。这一阶段专项转移支付和一般性转移支付相比，特点是占比高、规模大、增长快。最高年份占比逾 80%，最高年度增幅达 72%。这反映出由于中央出于实现特定政策目标的考虑，在财力不足的前提下集中的增量在转移支付层面基本选择专项转移支付而非一般性转移支付。

**（二）规范发展期：2000—2012 年**

2000 年，财政部正式颁布《中央对地方专项拨款管理办法》（财预〔2000〕128 号），首次界定了专项转移支付的范畴，制订了申请、审批程序、分配办法，明确了监督责任等，专项转移支付从立项审批、资金分配到各个环节的监督都可以做到有章可循，我国专项转移支付开始走向规范化。

这一阶段专项转移支付和一般性转移支付相比，占比有所回落，除应对国际金融危机特殊时期外，增长相对放缓。支出结构也逐渐由经济建设主导型向公共服务型转变。

**（三）改革完善期：2013 年至今**

2013 年 3 月发布的《国务院机构改革和职能转变方案》明确提出：“要完善财政转移支付制度，大幅度减少、合并中央对地方的专项转移支付项目，增加一般性转移支付规模和比例。将适合地方管理的专项转移支付项目审批和资金分配工作下放到地方政府，相应加强财政、审计监督。”同年 11 月，党的十八届三中全会通过的《中共中央关于全面深化改革若干重大问题的决定》（以下简称《决定》）明确要求：“清理、整合、规范专项转移支付项目，逐步取消竞争性领域专项和地方资金配套，严格控制引导类、救济类、应急类专项，对保留专项进行甄别，属地方事务的划入一般性转移支付。”这无疑指明了专项转移支付未来的改革方向。

2014 年 8 月修订《中华人民共和国预算法》（以下简称《预算法》）对转移支付进行了明确的规范；2014 年 12 月 27 日，国务院印发《关于改革和完善中央对地方转移支付制度的意见》，针对中央和地方转移支付存在的问题和不足，提出了改革和完善转移支付制度的指导思想、基本原则和主要措施。

伴随着上述改革，现阶段我国专项转移支付资金的使用与管理已取得一定成效。就制度规范而言，2015 年财政部制定的《中央对地方专项转移支付管理办法》进一步细化了国务院的改革部署，对专项转移支付的设立调整、资金申报分配、下达使用、绩效管理、监督检查等进行了全面规范。就资金规模而言，专项转移支付的规模逐年增长但占转移支付的比重逐步下降，从 2013 年占比 43% 下降到 2016 年的 38% 。专项转移支付项目数量得到归并压缩，2016 年，专项转移支付数量已由 2013 年的 220 个大幅压减到 94 个，压减率达 57% 。就资金结构而言，专项转移支付结构进一步优化，教科文卫、社会保障、节能环保、农林水等重点民生领域的投入力度不断加大。

本课题各研究单位通过对专项转移支付制度的研究发现，受中央专项转移支付影响，地方财政的转移支付和中央对地方专项转移支付同步发展，情况相近程度较高。自分税制以来，各省专项转移支付主要呈现下述特点：

1. 资金规模较大，金额增长较快。云南省省对下专项转移支付的规模，从 1994 年的 14.96 亿元增加到 2016 年 990.08 亿元，增长了 66 倍。

2. 专项转移支付资金增幅年度间波动较大，但近年有所回落。云南省 1994 年以来，省对下专项转移支付增长较快，年均递增 21% ，但年度间波动较大，1995 年增速高达 122% ，2008 年以后，省对下专项转移支付增速开始回落。

3. 专项转移支付占比高，近年占比有所下降。广西壮族自治区对市县的专项转移支付在 2010 年占比达 55.6% ，到 2016 年下降到 40.4% ；云南省在 1994—2016 年间，省对下专项转移支付占转移支付总量的平均占比为 38.44% 。由于省对下专项转移支付制度改革的推进，“增一般、减专项”成效明显，近两年间专项转移支付占比持续回落，2015 年为 44.6%，2016 年为 39.3%。

4. 专项转移支付资金投向向基础民生等领域倾斜。重庆市的转移支付主要支撑了区县 50% 的支出，对贫困区县的支撑度达到了 70%，有效地促进了区县间基本公共服务的均等化。湖南省 2015 年的专项转移支付资金投向用于“三农”、住房保障、交通运输、社会保障与就业、节能环保五个方面的支出逾 72%，体现出以民生为财政支出重点。

总之，无论是中央还是地方，专项转移支付规模稳步增长，制度逐步建立，管理趋于规范，为完成特定的目标，在特定的时期和领域内，对支持经济社会各项事业协调发展都发挥了积极作用。

## 二、我国专项转移支付制度存在的主要问题

尽管专项转移支付制度有力地支撑了贫困地区的经济发展和基本公共服务水平的提高，在一定程度上促进了各地区域间的财政均衡，但在资金的使用与管理、制度设计与考核监督等方面仍存在着一些问题，从 9 个省课题组反映的情况归纳，主要有以下几类：

### （一）界定不清晰，分类不严谨

实行分税制以后，专项转移支付的内涵与外延一直在变化，理论界与实际工作部门对其概念的定义至今没有统一。概念不清带来操作混乱，出现了“一般之中有专项，专项之中有一般”的现象。中央下达的一般性转移支付中很多项目规定了用途和使用方向，以至被称为“一般性专项”或者“专项一般性资金”，还有“准专项”等等，模糊了一般性转移支付是无条件转移支付的属性。在专项转移支付中有不少是不符合条件的，有的起着均衡政府间财力的作用。如果扣除这些转移支付项目，真正具有无条件属性、完全可以由地方政府控制统一安排的中央均衡性转移支付的占比很小，难以发挥均衡地方财政能力的作用。此外，由于没有规范的项目清单制度或是列支指南，导致下达专项时随意性较大，增加了管理难度。

### （二）“多、散、杂、小”现象并存，资金使用效率不高

中央对省级以及省对市县的专项转移支付一定程度上都存在项目众多、名目繁杂、金额散小的情况。这些项目通常会分配到众多的项目单位，个别

的甚至“一竿子”插到底，直接分配到村级，撒“胡椒面”现象依然存在，使得资金的使用效益大打折扣。例如，2015 年 1—12 月，湖南省某县获得专项转移支付 1410 个项目，其中 10 万元以下的项目达到 405 个，占比近 30%。云南省反映 2014 年上级下达昭通市专款的项目 1032 个，金额在 10 万元以下的项目 145 个，占项目总数的 14.1%，金额合计占项目总金额的 0.05%。其中，1 万元以下的项目 19 个，占项目总数的 1.84%，金额最小的仅为 300 元。在此基础上，市财政还需进一步按照项目细分下达各县区或市直各部门，项目金额将更小。

**（三）项目多头管理，资金条块分割**

目前我国专项转移支付资金由多个部门参与资金分配和管理，如财政、发改、民政、教育、卫生、文化部门等。中央层面是这样，地方一级也是如此。部门参与资金分配虽然有利于发挥部门专业化交叉管控的优势，但运用不好也容易带来不容忽视的问题。其一是分配链条过长，分配权限分散，分配程序繁琐，资金运行过程透明度低，效率低下。一个专项项目，从县级开始，要经过市、省、中央的相关部门的逐级审核，消耗了大量的时间和精力，从申报到立项短则 3—5 个月，长则数年，待审批下达后，由于之前的情况发生变化，原来的方案已无法实施或者无法按原定目标实施。其二是部门多头管理、多渠道分配，导致地方多头申报、项目交叉、重复要钱，财政部门难以对资金实行全面有效的统筹或干预监督。例如四川省 2017 年对市（州）的 104 项专项转移支付，有 44 个部门参与分配，每个部门中又涉及数个单位、处室。又例如湖南省统计的 2016 年中央对地方的专项转移支付中涉及“三农”方面的就有约 86 个具体项目，其管理权限分散在大约 20 个中央有关部门中。仅农田基本建设，某县就有 4 个单位的项目涉及了基本农田的治理，包括国土部门的“农村土地整治项目”、农业部门的“粮食生产能力规划项目”、水利部门的“规模化节水灌溉增效示范项目”、农开部门的“农业综合开发项目”等。这些项目实质上都是对农田进行治理，但由于各个单位在申报时不能集中统一，资金分散，易造成重复建设，致使专项资金的使用效果大打折扣，既不能最大限度地发挥资金的效益，也违背了这些专项设立的初衷。

### （四）可预期性不足，预算相对被动

我国转移支付办法中涉及的不确定因素多，临时性专项转移支付多，转移支付结构不尽合理，资金分配程序不够公开透明，导致地方政府很难准确地将财政转移支付资金编入预算草案。

专项转移支付资金规模偏大，也干预和冲击了地方预算的统筹安排。如2015年，中央对地方转移支付为50078.65亿元，其中专项转移支付为21623.63亿元，占比43%，且在一般性转移支付中有1.35万亿元限定了用途，也就是说有指定用途的转移支付实际上占到了中央转移支付比重的70%。这意味着地方拿到中央补助资金仅有30%的部分可由地方自由支配，其余资金必须按照规定用途来使用，不利于地方因地制宜统筹安排支出。

### （五）配套政策负担重，地方财政实施难

一些部门出台的配套要求、配套项目较多，使地方陷入不配套“违规”，配套却“违法”的两难境地：地方配套不到位违反了中央部委的相关规定和要求，足额安排配套资金又将冲击年初预算确定的支出方向、挤占其他支出的现象，调整预算也难以通过人大审议和批准。如果年初按一定规模预留配套资金，既难以落实到具体项目，也违反了预算真实性的原则。因此，配套过多影响财政困难地区的年度预算平衡，极易引发地方政府负债配套、虚假配套和挪用资金，增加财政风险。重庆市研究发现，地方配套“专项”越多，财政负担越重，缺口就越大，加上划拨的时滞以及可能的腐败，只得更加依赖于土地财政和收费项目，产生更高的社会成本和社会矛盾，进一步加剧地方财政负担，形成再次申请，如此陷入恶性循环。

### （六）财政监管难度大，考核问责落实虚

面对庞杂的项目类别和分布广泛的项目实施主体，财政部门监管力量不足，监管手段有限，难以全部实现资金跟进管理。专项资金一经下达，项目主要由相关主管部门负责跟踪管理，财政部门对资金的监督、检查、验收多为配合，而各自为政、各行组织的检查格局既使监管留下许多“空挡”又加大了成本支出。

同时，专项资金的名目繁杂、项目众多，使得地方政府难以顺利开展绩效评估。以湖南省某市为例，2016年上级政府拨付给市本级及辖区专项转移支付资金46.82亿元，仅下达指标文件就有811个，有的专项转移支付文件

还包含了多个专项转移项目，这样成百上千的项目，无论是省级，还是市县都无法全面完成对专项转移支付项目的绩效评价，造成专项转移支付项目管理难度大、绩效评价目标难以核实。同时由于缺乏规范的监管与评价的奖惩机制，导致即使在建立完善的评价机制后，也无法对下一年度的专项资金进行联动调整以对未严格执行规定的部门进行应有的惩罚，专项资金使用过程中的违法违规成本较低，专项资金的监管工作成为整个专项转移支付管理制度中的软肋。

## 三、问题原因分析

我国财政专项转移支付存在的问题有多重原因，但归纳起来主要有以下三个方面：

### （一）政府间事权划分不清晰

清楚地界定各级政府之间的财政事权是处理好各级政府财政关系的初始环节。但是，我国涉及政府间财政关系的三要素边界和逻辑关系尚未厘清和理顺。一是政府转变职能不到位，财政供给范围不科学。政府和市场、社会边界没有厘清，造成财政供给范围越位、错位和缺位现象并存。二是中央与地方权责脱节，中央支出比重小。横向财力分配固化突出，财政统筹安排难度大。纵向财力分配法制化程度低，政府间事权划分随意性较大。条块分割财力，财权肢解、决策分散，增加了中央与地方、上级与下级政府间博弈的机会与谈判成本，造成中央与地方权力和责任冲突。三是地方在体制内缺乏自主性，体制外收支成地方依赖。在体制调节范围内，地方政府收入决定权、事项决定权不够充分，由于公共预算收支不平衡，由此，地方出现了异化的两个“依赖性”和“积极性”，即依赖中央补助和依赖土地财政，积极“跑部钱进”和体制外收支，导致政府职能异化和债务潜在风险。

### （二）行政体制改革不到位

财政制度作为国家政治经济制度的重要组成部分要服从于国家行政管理体制所设定的政府运作模式，即财政制度运行要在行政管理的框架约束内、不能超越，财政专项转移支付制度的运行也是如此。当前专项转移支付制度所面临的不少问题和矛盾，都与行政管理体制改革滞后于经济改革发展步伐有直接关系。比如，由于政府各部门职责划分不够科学、存在职能交叉等问题导致专项转移支付项目的重复交叉；从中央到乡镇政府层级过多，使专项转移支付资金在层层下拨过程中耗时长、易出现截留问题；我国财政供养人口庞大，一定程度上加剧了地方的“吃饭财政”问题，使中央为防止“吃饭财政”侵蚀转移支付资金而更倾向于使用专项转移支付形式，导致了专项转移支付项目的增加和规模的增大。再如我国的政绩考核评价制度，尽管也在不断改进，但目前的政绩考核指标体系仍不够完善，经济增长速度指标依旧占据重要地位，而对于一些与民生息息相关的指标，如社保、教育、食品安全、居民收入等，考虑得还远远不够，在这种导向下，地方政府对民生等方面事务的关注度必然不会太高，其能够自主支配的资金必然更倾向于投向见效快的建设领域，中央为保证其下拨资金的使用方向，不得不过多依赖要求专款专用的专项转移支付，这进一步增加了专项转移支付改革的难度。

### （三）部门管理与财政统筹关系未理顺

多年来，我国区域经济差距扩大的现象仍然存在，中央各部门利益刚性又造成财力分散化的现实。为统筹集中财力，中央财政遵循的路径：一是整合部门专项；二是融合条块财力。从 2006 年开始，中央财政多次提出缩小专项转移支付规模。但专项拨款由“财政部与中央主管部门共同管理”，使部门有“二次分配权”。从部门角度看，为本条线争取更多的专项资源、固化权力是本能的利益趋求所致。受现行行政运行体制权力架构及部门利益影响，财政部门通过整合部门专项融合条块财力来解决财力分散化问题，收效有限。而地方财政要求加大财政统筹力度的诉求不断。部门管理与地方财政统筹关系未能很好地理顺，导致一些顽疾得不到有效解决：一是没能根本解决程序不够公开透明，“跑部钱进”为权力寻租留下空间；二是部门对资金分配权力的重视超出对资金使用效用的重视，绩效考核体系和绩效结果运用机制薄弱成为专项转移支付管理的短板；三是项目设置缺乏严格的准入和退出机制，一些专项设立缺乏依据，设立后成为既得利益，难以退出；四是难以改变一些地区财政统筹支配的能力脆弱现象，解决发展不平衡不充分乏力。

## 四、建立科学高效专项转移支付体系的政策建议

建立具有中国特色的科学高效的转移支付体系是一项系统工程，涉及国

家治理的诸多环节与关系，面对很多要解决的矛盾和问题，需要多方配合、多管齐下、综合治理，对此，9个省的课题组从不同角度分别提出了很好的建议，如云南省财政厅课题组提出重构我国转移支付体系，引入分类转移支付的概念并以此为重点构建包含甄别机制、分配机制、绩效管理机制、监督保障机制在内的“四位一体”专项转移支付资金配置体系；湖南省财政厅预算处、湖南商学院课题组提出从构建制度体系、完善进退机制、优化运行管理和强化监督检查等几个方面的对策建议；福建省预算与会计研究会课题组从规范政府间财政关系、规范部门权限、创新条块财力融合方面提出建议；河北、黑龙江、广东、广西、重庆、四川等省课题组还分别从明确性质、整合资金、控制规模、增强透明度、建立转移支付目录式管理模式等等方面提出建设性建议。大家普遍认为建立科学高效的转移支付体系，必须全面贯彻党的十九大和十八届三中、四中、五中全会精神，深入领会习近平新时代中国特色社会主义思想，适应、把握和引领经济发展新常态，坚持“五位一体”总体布局和“四个全面”战略布局，牢固树立和贯彻落实创新、协调、绿色、开放、共享的发展理念，遵循《中华人民共和国宪法》和《中华人民共和国预算法》的相关规定，按照完善社会主义市场经济体制总体要求和深化财税体制改革总体方案，立足全局、着眼长远、统筹规划、分步实施，在合理划分中央与地方财政事权和支出责任的基础上，全力构建科学高效的专项转移支付体系，即通过建立专项转移支付的法律法规、完善管理办法，构建层次清晰的专项转移支付制度体系；通过规范专项转移支付的设立与退出，建立动态调整的专项转移支付进退机制；通过加强专项转移支付的预算、分配、使用，优化专项转移支付运行管理；通过运用信息公开、绩效评价等工具手段，强化专项转移支付监督检查。

**（一）理顺政府间的财政关系，建立事权和支出责任相适应的制度**

1. 转变政府职能，界定政府和市场的边界，梳理政府职能，明确政府责任，处理好“管”与“放”的关系，发挥市场在资源配置中应有的作用，避免政府过多干预。政府重在培育市场、引导市场、完善市场、监管市场方面发挥更大的作用，在市场配置失灵或效率不高的方面发挥更大的作用，在解决市场发展不平衡不充分问题上发挥更大的作用。

2. 在合理界定政府和市场边界的基础上充分考虑公共事务的受益范围、

信息的复杂性和不对称性以及激励相容性，合理划分中央与地方财政事权和支出责任，并以法律法规的形式予以确定。中央与地方按规定分担支出责任，适度加强中央政府财政事权和支出责任，减少委托事务。

3. 在明确中央与地方财政事权和支出责任的基础上，以兼顾公平与效率为原则，合理划分财权，使地方财力和所承担的支出责任相对匹配。

**（二）构建专项转移支付制度体系**

建立科学、高效的专项转移支付制度必须以完善的立法为基础，专项转移支付制度的顺利运行也需要以完善的法律规定为基本保障。

1. 借鉴国际经验，应加快建立转移支付制度相关的法律法规，通过法律法规将各级政府的财政事权与支出责任划分，对专项转移支付基本制度、设立与退出相关程序、审批监督及法律责任等内容予以明确，确保专项转移支付制度的有效实施，确保转移支付制度的规范性、公平性、稳定性。中央的专项转移支付项目应当依据法律、行政法规和国务院的规定设立。对于特殊性、临时性公共事务的政策主张，可以由立法机构授权许可，地方专项转移支付应比照办理。

2. 应完善各项专项转移支付管理办法，实行一个大类专项资金一个管理办法，如《教育专项转移支付管理办法》、《生态环境保护专项转移支付管理办法》等，以明确各大类专项转移支付的政策目标、部门职责分工、资金用途、补助对象、分配方法、资金申报条件、资金申报、审批和下达程序、实施期限、绩效管理、监督检查等内容，同时要防止出现一个专项有多个管理办法，做到政策目标明确、分配主体统一、分配办法一致、审批程序唯一、资金投向协调。

**（三）规范专项转移支付管理**

1. 清理整合现有项目。以推进地区间公共服务均等化为主要目标，按照政府财政事权划分和支出责任对现有的专项转移支付项目进行甄别、清理整合。属于中央委托事权的项目，可由中央直接实施的，应调整列入中央本级支出。属于地方事权的项目，划入一般性转移支付。对专项转移支付中政策到期、政策调整、绩效低下等已无必要继续实施的项目该取消的取消，该中止的中止；对目标接近、资金投入方向类同、资金管理方式相近的项目予以整合；对交叉重复的项目予以归并，严格控制同一方向或领域的专项数量。

2. 明确部门职责分工。按照党的十九大转变政府职能、深化机构和行政体制改革要求，整合部门在专项转移支付管理中的职责，改变多头管理、职责交叉、互相掣肘、效率低下的分散管理模式，打通沟通渠道，做到信息资源共享，加大综合评审统筹安排项目力度。加强财政部门统筹平衡能力，防止部门出现“二次分配”权力滥用。

3. 严控立项关口。新设立的专项应有明确的政策依据、政策目标、资金需求、资金用途、实行期限、主管部门和职责分工。在新增专项转移支付项目设计上，应坚持以实现中央政策意图、矫正辖区间外溢效应的主要功能为导向，尽可能做到不缺位、不越位；以中长期及年度发展规划为引导，研究制定财政专项资金中长期流动预算，使专项转移支付服务于中长期规划目标，避免因缺少长期考虑出现“打补丁”式的支出需求过多占用可用的转移支付资源，降低资金的总体效益。

4. 完善分配机制。不仅要严格资金分配主体，明确部门职责，还要注重选择合适的分配方法和规范化的分配流程。这是优化专项转移支付资金分配与管理的关键。在方法的选择上要既能提高预算计划性、可执行性和约束力，又可增强部门统筹整合的能力。如中央向省级分配专项转移支付资金除涉及国家重大工程、跨地区跨流域的投资项目以及外部性强的重点项目外，应当以因素法为主。对具有地域管理信息优势的项目，主要采取因素法分配，选取客观因素，确定合理权重，中央按照科学规范的分配公式切块下达给省级财政，并指导其制定资金管理办法实施细则，按规定层层分解下达到补助对象，做到既要调动地方积极性，又要保证项目顺利实施。合理推动部分专项转移支付资金的竞争性分配，但要确保分配的公平性与透明度。

同时，要配套优化设计关键要件，如项目库建立、因素库建立、权重设置等要素，从而提高专项转移支付的分配效率。

5. 建立健全专项转移支付定期评估和动态调整机制。专项转移支付到期应自动终止，政策到期或调整变化以及客观情况发生重大变化的应重新论证转移支付是否相应终止或调整。每年应对专项转移支付项目进度进行考核评估，并将评估结果作为以后年度分配资金的重要参考，从而确保财政资金统筹用于经济社会发展需要，提高使用效益，防止沉淀与浪费。

**（四）完善绩效评价**

1. 建立健全专项转移支付绩效评价指标体系。根据转移支付项目的分类、用途、资金性质和特点，客观、公平、合理地建立转移支付的绩效考核评价标准，做到定量和定性方法相结合，并选择合适的评估机构，建立健全第三方评价机制，可以根据专项资金的特点考虑采取行政评估、专家委员会评估、专业机构评估等多种方法相结合的评估方式。

2. 建立健全全过程预算绩效目标评价机制。评价内容主要是专项转移支付项目的实施结果是否与预先设定的绩效目标相一致，按照预算提交的具体、明确、细化、量化的绩效指标予以评价。评价重点由项目支出拓展到部门整体支出和政策、制度、管理等方面，提高财政资金使用效益。

要加大绩效评价结果公开力度，使之充分接受社会各界的监督，促进绩效评价落到实处。

3. 完善绩效结果整改落实及奖惩机制。及时将绩效评价中发现的问题和意见建议反馈给资金主管部门和项目单位，提出明确的整改要求和时限。对整改不落实、不到位的要追究责任。

要将专项转移支付绩效评价结果运用到制度执行、资金监管理中去，对于达不到绩效目标或绩效差的，财政部门应提请同级政府调整或者撤销该专项资金。

### （五）打造全方位的监督体系

专项转移支付的监督体系是转移支付目标和政策意图实现的保障。专项转移支付的监督保障机制贯穿于专项转移支付的设立、分配、使用全过程，主要从监督机制、监督内容、监督主体、监督管理的结果运用四个方面影响监督体系的构建与运行。从监督机制自身来看，需要严格规范转移支付资金的管理流程，积极探索“预防、监控、检查、处理、公示”等多位一体的全方位监督机制，努力实现监督工作的经常化、制度化，注重并加强对部门的日常监督管理，由单纯的事后监督向事前、事中、事后全过程监督转变。

1. 强化监督内容，将监督内容扩展到转移支付特别是有条件转移支付项目的设置、规模、使用过程和结果上，并对重点的转移支付项目的各个环节、过程以及重点资金实施监督。

2. 建立广泛的监督主体，形成由立法监督、审计监督、司法监督、行政监督、会计监督、舆论监督、社会中介机构的专业监督、党内监督以及民主党派、人民群众、各类社会组织的监督等构成的监督主体，特别需要不断提高媒体监督、社会监督以及独立的社会中介机构专业监督的地位。

3. 强化监督管理的结果运用，对监督管理过程中取得的财政资金运行信息及时反馈财政部门和项目主管部门，不断完善专项资金管理制度办法；对发现的违规、违纪问题要及时收回资金，防止资金进一步损失；监督管理结果运用于次年预算编制管理，纳入因素法分配因素予以考虑。

# 第二篇 《建立科学高效专项转移支付体系》课题分报告

## 第一分报告 国家治理视角下专项转移支付：改革与重构

云南省财政厅课题组

当前，建立科学高效的财政专项转移支付体系既是国家治理下的改革要求，又是现实问题下的改革选择。本文围绕如何构建科学高效的财政专项转移支付体系展开研究，一是在国家治理视角下，重新认识和塑造专项转移支付的制度理念；二是在深入比较专项转移支付制度理念和国外转移支付制度经验基础上，引入分类转移支付，重构我国转移支付体系；三是以基本公共服务均等化为目标，充分考虑政府与市场、政府间行为激励及利益因素，确定公共服务甄别原则，形成现行收支分类科目下的政府职能划分体系；四是重点围绕分类转移支付构建基于因素法为主的分配机制，从而形成“四位一体”的专项转移支付资金配置体系。

### 一、引言

党的十九大报告提出“我国社会的主要矛盾已经转化为人民日益增长的美好生活需要和不平衡不充分的发展之间的矛盾”。在中国特色社会主义新时代，人民日益增长的美好生活需要更加注重民主、法制、公平、正义、安全和环境等，这些具有公共价值的社会共同需要，对我国财政职能定位和改革提出更高要求。尤其是如何解决在满足这类社会共同需要在人民群体中呈现的不平衡不充分，是当前我国加快建立现代财政制度需要破解的核心问题。纵观历史与国际经验，无论单一制国家还是联邦制国家，财政转移支付都成为各国解决财力失衡问题的重要制度安排。我国 1994 年实施的分税制在提高“两个比重”的同时，形成了以税收返还、一般性转移支付和专项转移支付为主体的中央与地方转移支付制度体系。二十多年来，我国转移支付制度在保障中央政策的落实、缩小地区间财政能力差距、支持中西部落后地区发展等方面取得了显著成效。当前，在我国社会矛盾已经发生深刻变化的新时代，如何实现区域均衡目标？我们不得不对转移支付制度进行再思考。尤其是，如何立足以人民为中心，以建立权责清晰、财力协调、区域均衡的政府间财政关系为出发点，调整和完善我国财政转移支付制度。因此，建立科学高效的专项转移支付体系既是国家治理下的改革要求，又是现实问题下的改革选择。

**（一）从国家治理下的改革要求考虑**

党的十八届三中全会首次提出“推进国家治理体系和治理能力现代化”，并将财政定位为国家治理的基础和重要支柱，要求深化财税体制改革。党的十九大报告提出加快现代财政制度建设，并将建立“权责清晰、财力协调、区域均衡”的中央和地方（以下简称央地）财政关系作为加快建立现代财政制度之首，为建立清晰的央地财政关系体系指明了方向。深化财税体制改革就要求必须改进预算管理制度，建立事权和支出责任相适应的制度，这些都要求专项转移支付进行规范化管理。在党的十八届三中全会的部署下，新修订的《预算法》以及《国务院关于深化预算管理制度改革的决定》（以下简称《决定》）进一步将党的十八届三中全会的改革精神具体化，并对专项转移支付的管理改革提出具体的要求。

**（二）从现实问题下的改革选择考虑**

分税制改革以来，作为与分税制改革相配套的制度体系，转移支付成为了协调中央政府与地方政府的财政关系、弥补地方政府收支缺口的重要制度安排，专项转移支付更是在支持教育、医疗、卫生、社会保障、“三农”等改革服务领域发展方面发挥了重要的作用。与此同时，专项转移支付在实践中也存在一些问题，一方面转移支付体系设置不科学，现行中央对地方转移支付总体上分为一般性转移支付和专项转移支付两类，但两类转移支付的定位、功能、内容等界定不清晰，一般性转移支付中有很多指定用途的转移支付，地方难以作为财力统筹。而专项转移支付中又包括部分没有明确资金用途的项目，有的项目不是跨区域的外溢性公共产品，有的项目甚至具有均衡政府间财力的作用。另一方面，专项转移支付管理不规范。随着我国专项转移支付规模的增大，专项转移支付目标定位重点不突出且功能存在越位与错位、规模日益膨胀且结构不合理、分配方式不透明且配置不科学、绩效管理效率不高且考核结果难以反馈运用、保障机制不健全且约束薄弱等问题也越来越受到诟病，从而使改革专项转移支付成为提高财政管理水平的迫切要求。

## 二、专项转移支付改革创新：理念、体系与配置

本研究基于国家治理视角，重点研究专项转移支付改革定位、国外专项转移支付管理经验、现行政府收支分类科目下的政府职能划分体系，以及我国科学高效的专项转移支付体系四个方面，明确我国专项转移支付改革的总体思路。

### （一）在国家治理视角下，重新认识和塑造专项转移支付的制度理念

国家治理的核心是围绕社会公共利益的“共治”理念，财政分权所蕴含的政府间财政“分工”与“制衡”实际上是实现“共治”的重要机制。作为政府间财政分权的重要政策工具，财政专项转移支付理所应当回归于国家治理基于公共利益“共治”的初衷。在实现公共利益目标的“共治”理念下，政府间财政专项转移支付既要体现中央、省等上级政府的政策意图，又要回应社会公众的利益诉求。鉴于此，我国专项转移支付制度设计要体现三个方面的理念：一是绩效理念，即社会公共利益最大化；二是放权理念，即在中央等上级政府政策意图框架下，让更了解居民利益诉求的基层地方政府自主确定专项项目，实现专项转移支付公共利益目标的回归；三是科学理念，只有在科学重构转移支付体系和制定专项转移支付资金配置机制基础上才可能实现公共利益最大化目标。

### （二）在深刻领悟专项转移支付制度理念和国外转移支付制度经验基础上，引入分类转移支付，重构我国财政转移支付体系

纵观政府间财政关系及与之对应的转移支付体系，无非包括三种情况：

一是中央的事权，由中央安排资金，这类属于完全的专项转移支付，中央需要明确到具体项目；二是地方的事权，由地方财力安排资金，其来源包括自身一般预算收入和上级拨付的一般性转移支付等；三是中央和地方共同的事权，由中央和地方共同出资。而当前的现状是上述三种情况中央均有专项转移支付资金安排，这就带来两个问题：第一，既然是专项转移支付资金，中央等上级政府就应确定具体项目，而由于信息不对称等现实情况，导致很多项目与基层需求不一致，专项转移支付资金使用绩效不高。第二，由于专项转移支付资金目标模糊和约束力弱化，很多应该由地方财力完成的事项又都纳入了专项转移支付资金补助范畴，导致地方政府的“搭便车”行为，从而出现专项转移支付中有地方财力范畴应该解决的事项，即一般性转移支付应该解决的问题；一般性转移支付又含有中央等上级政府应该解决的事项，即应该由专项转移支付解决的问题。

从工作实践来看，转移支付体系中实际上还存在一类介于中央纯专项和一般性转移支付之间的转移支付资金，这类转移支付资金既要体现中央政策意图，又要体现地方政府“因地制宜”的项目选择。借鉴国外经验，在“无条件转移支付”和“有条件转移支付”之间都会存在一类“特殊的转移支付”，专用于解决中央和地方共担事权问题，如美国的分类拨款、英国的特定公式化补助。因此，我们的研究认为，我国转移支付体系应该包括四类：一是返还性转移支付，它是1994年我国实行包干体制和分税制并行运作条件下为了保护地方既得利益实行的一种转移支付制度，包括所得税基、消费税、增值税、成品油税费改革及税收返还等；二是一般性转移支付，用于实现地区间基本公共服务能力均等化，即财力均等化，由中央政府按照因素法安排给地方财政的补助，以均衡性转移支付为主，包括民族地区转移支付、体制补助、县级基本财力保障等；三是分类转移支付，用于实现地区间的公共服务均等化，其在资金配置上具有专项转移支付的性质，在功能上具有一般性转移支付的性质，既能体现中央意图，又能赋予地方自主性，以教育、医疗卫生、社会保障等为主，还包括专项转移支付中具有分类性质的转移支付项目；四是专项转移支付，从技术特征上是划分为中央事权而又需要委托地方政府去执行的事务，比如，跨地区、外溢性较强的公共事务，专项转移支付是中央财政为实现特定的宏观政策及事业发展战略目标而设立的补助资金，重点用于各类事关民生的公共服务领域，地方财政需要按规定用途使用资金，即实现某种特定的政策目标或专项任务，由中央财政提供专项补助，主要以公共服务类别来划分，比如，公共安全、教育、科学技术、社会保障等。

**（三）以基本公共服务均等化为目标，充分考虑政府与市场、政府间行为激励及利益因素，确定公共服务甄别原则，形成现行收支分类科目下的政府职能划分体系**

为了理清各项转移支付的公共服务对象，我们在研究分析政府与市场的关系原则、政府间事权划分的关系原则基础上，最终确立了外溢性、信息复杂度、激励相容三大甄别原则。厘清中央与地方政府的事权与支出责任，是理顺政府间财政关系的逻辑起点和核心内容，也是减少和合并财政专项转移支付项目的关键步骤和主要依据。尽管目前从根本上彻底划分政府间事权还存在较大的体制障碍，但是，以具体项目为对象，部分划清政府间事权还是具有一定的可能性。

以外溢性、信息复杂度、激励相容三大原则为依据，按职能对政府间事权进行了初步划分，将受益范围主要限于本区域内、外部性较弱、地方更具有信息优势和地方具有较高积极性的三类事务（项目）归为地方事权；将外部性较强、信息处理复杂度较弱、地方积极性不高的三类事务（项目）归为中央事权；其他事务（项目）归为中央和地方共同事权。以此为基础，相应将承担机制区分为：地方预算承担、中央预算承担、同级预算承担、中央和地方预算共同承担，并与现行政府收支功能分类科目进行了对应，形成了中央政府和地方政府的事权表。与此同时，以中央安排云南省的2016年转移支付为例，按照上述分类原则，对转移支付项目进行逐一甄别。甄别前，一般性转移支付占59.73%，专项转移支付占40.27%；甄别后，一般性转移支付（含分类转移支付）占80.69%，专项转移支付占19.31%。这充分体现了中央“扩增一般，压缩专项”的政策目标。

**（四）重点围绕分类转移支付，构建以因素法为主的转移支付分配机制，构建我国“四位一体”的专项转移支付资金配置体系**

中央事权的专项转移支付理所应当地采取项目法。就分类转移支付而言，既要体现中央等上级政府政策意图，又要实现基层地方政府自主确定项目，从解决事权关系的角度来看，分类转移支付重点解决的是共担事权，即公共服务涉及跨区域等共同利益事项，需要中央等上级政府资金支持，共担支出责任，因此，这类转移支付资金的配置要体现四个特征：一是要体现引导特征，中央按照需求因素进行分配引导；二是要体现目标绩效任务特征，该类事项属中央和地方共同事权，必须明确政策目标和任务，压实责任，从而确保政策意图和目标圆满实现；三是要体现地方自主配置特征，按照因素法分配后，地方政府“因地制宜”确定执行项目，根据目标筹措落实自身需承担支出责任所需资金；四是严格把握分类转移支付资金绩效考核，该考核围绕这项事权目标展开，牵动基层地方政府配套激励，这是该项转移支付实现既定目标的关键。在重点解决分类转移支付资金配置基础上，最终形成包含甄别机制、分配机制、绩效管理机制、监督保障机制在内的“四位一体”转移支付资金配置体系。

## 三、专项转移支付甄别机制

根据政府与市场的边界对政府职能进行梳理，以政府间事权与支出责任划分原则形成专项转移支付的甄别机制，通过给定原则甄别每一项划分出的职能，做出合理判断，将职能划分为中央事权、地方事权和共同事权，并相应明确其承担机制，实现对现有和新增专项转移支付项目的甄别，分别划入一般性转移支付、分类转移支付和专项转移支付，在此基础上构建科学、规范的专项转移支付设立、整合和退出的动态调整机制。

### （一）建立专项转移支付设立机制

建立专项转移支付设立机制是专项转移支付科学设置、合理使用的根本保障。在专项转移支付项目设立时，按原则进行甄别后，再依据设立评估机制确定是否设立。

第一，评估范围。在进行第一步的甄别后，达到对专项转移支付初步清理、整合的目标。对符合专项转移支付范围且同时需要新设的转移支付资金项目进行评估。

第二，设立期限。明确专项转移支付的设立期限，例如，以 3—5 年为一个标准，到期后自动取消，确需延期的重新履行新设程序。

第三，评估程序。按照专项转移支付设立机制要求，项目主管部门应按规定时间提出新增设立专项转移支付资金申请，包括设立依据、实施规划、绩效目标、资金规模、分配方式等相关内容及可行性论证报告，一并报送财政部门。财政部门按照法律、行政法规和国务院的规定对专项转移支付资金的设立进行评估，对专项转移支付资金设立条件、金额、期限、支持方向、绩效目标等提出审核意见。对经济、社会和民生有重大影响的专项转移支付资金，应组织专家论证、公开征询民意或委托第三方机构评审。经审核符合设立条件的，财政部门报同级政府审批。经政府批准设立的专项转移支付资金纳入下一年度预算安排。

第四，评估体系。专项转移支付设立机制着重从项目政策目标设置的合理性、专项转移支付设置是否符合部门中长期规划、管理和绩效制度建设情况等方面设置评估指标。专项转移支付设立机制侧重于对专项转移支付设立的必要性、管理制度的规范程度和资金绩效的预期进行评估，主要内容包括：一是政策目标和绩效目标评估。专项转移支付设立应当以落实国家发展规划、国家重点工作事项和实现部门职责为根本标准。政策目标评估应对专项转移支付实施对政策目标的实现情况进行评判，从部门职能职责角度提出专项转移支付设立的必要性、预期效益的合理性。同时，从具体绩效目标设置的角度评估专项转移支付预期效益的合理性。对专项转移支付设置不符合部门职责和主要工作措施的，实施“一票否决”制。二是实施规划评估。主要从部门发展规划角度评估专项转移支付的实施规划，项目主管部门对专项转移支付资金申报制定相应年度内的工作方案，以保证在规定时间期限内完成。三是资金监管评估。主要评估组织机构和管理制度的建设情况。健全的组织机构、管理责任的有效划分、完善的资金管理和内部控制制度，能有效规范项目的实施和资金的使用。四是资金预算评估。主要评估明细项目内各个项目分支，规定专项转移支付资金的计量单位、标准单价。评估专项资金申请预算的合理性以及与政策目标的匹配性。

### （二）建立专项转移支付整合机制

建立专项转移支付整合机制是规范专项转移支付的重要内容。在专项转移支付项目整合时，对已有需要整合的专项转移支付项目，按原则进行甄别后，通过整合机制予以归并分类。

第一，评估范围。对于通过了甄别程序的原有专项转移支付项目，将种类繁多但缺乏统一协调、涵盖面广且相互交叉重叠、零星分散且使用重点不突出的多项专项转移支付项目纳入整合评估领域。

第二，评估程序。按照专项转移支付整合评估机制要求，由部门提供相关评估资料，经财政部门进行评估并提出意见，并以评估结果作为调整专项转移支付相关政策措施或资金规模的重要参考依据。

第三，评估体系。专项转移支付整合评估体系是专项转移支付整合机制的技术支撑手段，需要摸清项目设立的背景、依据、时限和专项资金的数量、额度、分布、效益情况，实施逐项清理，提出专项资金“撤销”、“压减”、“归并”、“下放”和“调整”的处理意见。主要评估内容是：政策目标和资金用途评估，即根据资金使用意图和政策目标等实施项目整合，评估专项转移支付项目是否类似，将使用方向和政策目标类似的项目予以整合；实施过程评估，即对于整合的专项转移支付资金，评估资金使用部门在使用过程中是否按照规划计划执行，资金使用方向是否能保证整体目标的达成；资金监管评估，主要评估专项转移支付管理制度和内控制度是否得到贯彻执行并有效落实了主体责任，资金支出范围和标准依据是否明确，专项转移支付管理是否充分保障了资金有效使用，促进绩效目标的实现。

### （三）建立专项转移支付退出机制

专项转移支付退出机制是加强专项转移支付管理、优化财政资源配置、提高财政资金使用效益的有效途径。对于既有专项转移支付项目，按原则进行甄别后，通过退出评估机制，决定是否取消或退出。

第一，评估范围。一是执行时限到期确需延期的专项转移支付项目；二是政策目标已完成或已到期的专项转移支付项目；三是支持方向与中央既定目标偏离的专项转移支付项目；四是执行期间组织实施条件已发生变化的专项转移支付项目；五是实施绩效达不到既定目标的专项转移支付项目；六是资金管理和使用存在严重违法违纪问题或经整改无效的专项转移支付项目。对符合上述第一条的，采用专项转移支付设立评估体系进行评估；对符合上述第二至第六条的，采用专项转移支付整合评估体系进行评估。

第二，评估程序。按专项转移支付退出评估机制要求，由部门提供相关评估资料，经财政部门进行评估并提出意见，报请同级政府批准后，对经评估未满足新设立条件的以及与评估范围第二至第六条情况相一致的专项转移支付予以取消。

## 四、专项转移支付分配机制

选择合适的分配方法和规范化的分配流程实现专项转移支付下拨的过程，提高预算计划性、可执行性和约束力，增强部门统筹整合的能力。通过比较借鉴项目法和因素法分配方式的差异性，形成专项转移支付分配方法选择机制，并对关键要件进行深入分析，如项目库建立、因素库建立、权重设置等要素，进一步优化设计关键要件，从而提高专项转移支付的分配效率。

### （一）专项转移支付分配方法选择

针对专项转移支付，属于委托地方的中央事权，转移支付的目标是落实中央支出事项，应明确到具体项目，因此应采取项目法分配方式。针对分类转移支付，由于属于中央和地方共同事权，在资金配置上具有专项转移支付的性质，在功能上具有一般性转移支付的性质，又由于地方自主确定实施项目更具优势，应主要采取因素法分配；但对于应急、救灾等项目分配，因其目标和对象比较明确或特殊，应采取项目法；同时，考虑到竞争性分配更强调效率提升，分类转移支付也可以根据其政策目标考虑采取竞争性分配。具体来看，如果分类转移支付的政策目标强调公平，则应采取因素法分配；如果分类转移支付政策目标强调效益，则应采取竞争性分配。

### （二）专项转移支付分配方法设计

一是项目法分配体系。各部门根据国民经济和社会发展目标，编制项目计划，建立项目库，实施动态的项目库管理模式，对申报的专项资金和随之匹配的项目进行审核评议，确定是否分配专项资金，同时对专项资金进行全过程绩效管理，并将绩效评价结果作为下一年度分配专项资金的依据。项目法的专项资金分配包括：项目库体系，资金分配体系，绩效管理体系。二是竞争性分配法。财政专项资金竞争性分配符合公共财政改革的根本方向，是实现民主理财、科学理财的重要途径，是提高财政资金使用效益、建立绩效财政的根本要求。在财政专项资金分配管理环节引入竞争机制，将资金分配从“一对一”单向审批安排转为“一对多”选拔性审批安排，建立“多中选好，好中选优”的项目优选机制，能够有效提高资金分配和使用效益，使有限的公共资源更好地满足社会公共需求。三是因素法分配体系。紧紧结合财政专项资金发展目标及特定战略要求，确定影响资金分配依据的主要因素及相应权重，并通过综合评价形成专项资金分配的重要依据，对各主体或单位进行资金分配，保证专项资金分配与目标导向一致。在主管部门按照因素法分配专项资金的过程中，需要将绩效评价与管理作为专项资金分配的重要内容，并将绩效评价结果应用于专项资金的分配管理。

## 五、专项转移支付绩效管理机制

设定绩效目标、实施绩效管理、绩效考核、绩效结果应用和绩效目标提升的持续循环过程，专项转移支付绩效管理的目的是持续提升财政资金绩效。基于绩效目标的全过程构建专项转移支付的绩效管理机制，对资金的设立、细化、分配、下达、使用进行全过程的绩效管理，对项目的投入、产出进行全过程监控，使专项资金使用的最终效果符合部门整体支出绩效目标。

### （一）绩效管理的定位：保障专项转移支付资金政策意图的顺利实现

专项转移支付的绩效管理是对项目单位及主管部门在资金管理及使用过程中的整个行为进行指导，保障专项转移支付资金政策意图的顺利实现。特别是分类转移支付，上级只明确功能，不定具体项目，必须通过绩效管理机制确保转移支付政策目标的实现。围绕政策目标的实现，转移支付绩效管理应以绩效目标为载体，在此基础上开展预算绩效管理。因此，转移支付绩效目标的确立，是保障转移支付资金政策意图实现的关键。

第一，明确总体目标和阶段目标。设立转移支付资金时，应当一并明确转移支付实施的总体目标和阶段目标，作为转移支付设立评估的重要组成内容，结合预算资金安排的规模和效益进行评估。绩效目标应包括实施期绩效目标和年度绩效目标，实施期绩效目标主要围绕部门的行业发展目标、专项资金政策目标以及项目实施整体规划设定；年度绩效目标要结合分年度实施计划和资金安排方案，形成具体可衡量的分年度目标任务。

第二，明确年度绩效目标。部门在编制转移支付年度预算时，根据专项转移支付的政策目标编制转移支付资金的年度绩效目标，随同预算按程序审核和批复，作为转移支付资金的年度目标。

第三，分解和下达绩效目标。在分配转移支付资金的同时，应同步分解下达绩效目标。对分类转移支付，应由项目主管部门明确下级部门编制区域绩效目标，逐级下达，基层主管部门围绕上级下达的区域目标，从储备的项目中筛选项目，支撑区域目标的落实，并明确具体的项目绩效目标。

第四，实施项目并确保目标实现。项目实施单位应根据资金明确的绩效目标组织实施项目，并对项目资金实施全过程绩效管理。

**（二）绩效管理的流程：覆盖资金运行的全过程**

专项转移支付绩效管理应树立目标引领的理念，以完成本部门职能职责和省委、省人民政府确立的工作目标为依据安排专项资金。在项目实施过程中实行全程绩效监管，遵循“编制有绩效、绩效有目标、执行有监控、结果有反馈”的绩效管理机制，确保资金和绩效目标配套。对资金的设立、细化、分配、下达、使用进行全过程的绩效管理，对项目的投入、产出进行全程监控，使专项资金使用的最终效果符合部门整体支出绩效目标。

第一，确立绩效目标并进行目标分解。绩效目标是预算绩效管理的基础，省级部门在申报专项转移支付时，要填写部门的绩效目标。专项转移支付资金由省级部门下达到州（市）、由州（市）再下达到县的同时，应当同时对下达资金进行绩效目标分解。绩效目标的设置应结合项目实际、符合科学性、可操作性等要求。编制的绩效目标应与部门工作职责、任务目标紧密相关，做到方向明确、具体细化、合理可行。

第二，强化绩效跟踪。在预算执行过程中，各部门和所属单位要严格按照确定的预算计划组织实施项目，不得随意变更和调整，要建立绩效运行跟踪监控机制，定期采集绩效运行信息并汇总分析，对绩效目标运行情况进行跟踪管理和督促检查，纠偏扬长，促进绩效目标的顺利实现；跟踪监控中发现目标运行情况与预期绩效目标发生偏离时，要及时采取措施予以纠正。财政部门要通过跟踪评审，对财政资金的使用和项目实施中的新情况、新变化以及预算执行过程中发现的问题及时向部门提出建议和整改要求。通过对目标实施情况进行绩效跟踪，一方面，使得上级部门对项目的进程有一个全面的了解，也促使各部门和所属单位严格按照绩效目标实施项目，防止出现项目做空的情况；另一方面，通过对绩效目标运行情况进行跟踪管理和督促检查，纠正与绩效目标相偏离的行为，促进绩效目标的顺利实现。

第三，实施绩效评价。预算执行完毕后，各部门负责组织对本部门及所属单位支出进行评价或再评价。实施绩效评价要将实际取得的绩效与申报项目的预期绩效目标进行对比，如未实现绩效目标，项目实施单位须说明理由。财政部门在部门自评基础上，对其报送的绩效评价报告进行审核，有针对性地选择部分财政支出实施抽查，重点抽查预算部门绩效自评工作情况和自评结果的真实性、合理性；同时，选取党委、政府密切关注、社会影响较广、具有明显公共效应的重大项目和优先保障项目实施财政重点评价，提出进一步改进预算管理、提高预算支出绩效的意见、建议。

第四，应用评价结果。绩效评价结果的运用是绩效管理效果的最终体现，按照专项转移支付的绩效目标实现情况，将绩效评价结果与专项转移支付的设立、分配环节相挂钩，作为完善专项转移支付绩效管理的重要依据，遵循“花钱必问效、无效必问责”原则，形成以目标结果为导向的激励约束机制。专项转移支付的绩效评价结果运用主要有以下三个层次：改进专项转移支付资金管理；建立专项转移支付绩效奖惩机制；建立绩效结果整改落实制度。

## 六、专项转移支付的监督保障机制

对专项转移支付的设立、分配、使用过程进行监督和管理，使其结果达到预定目标。总结我国在转移支付监管方面所存在的问题，从监督机制自身、监督内容、监督主体、监督结果的应用四个维度来构建全方位的监督体系，并结合我国现行专项转移支付的监督保障机制所存在的短板，从法律制度、信息公开、信息技术、事权划分几个维度深入分析，从而构建合理有效的专项转移支付体系。

### （一）构建财政转移支付制度的法制体系

第一，构建多层次转移支付法律体系。改进财政转移支付立法滞后于实际要求的局面，尽快健全完善财政转移支付制度体系，形成由法律、行政法规、规章和规范性文件共同组成的、包括财政转移支付基本法律和各项财政转移支付具体管理办法有机联系的制度体系，以促进各地区经济和社会的均衡发展，理顺政府间的财政关系，形成统一、规范、透明的财政转移支付制度机制。

第二，对转移支付分类、分配方法、分配流程等内容进行规范。现有转移支付在设立、分配及管理等方面均存在一些问题，如在设立方面，部分一般性转移支付科目下的项目带有专项转移支付性质，部分专项转移支付科目下的项目则带有一般性转移支付性质；在分配方面，存在没有制定专项转移支付分配方法或分配方法不科学的现象；在管理方面，专项转移支付绩效目标不强，绩效管理落实不到位等。这些都需要从法律层面上彻底规范。

第三，积极推进财政转移支付监督的立法。通过法律将财政转移支付有关监督主体的监督工作职责、监督的范围、程序、方式、权限、法律责任等予以明确规定，以减少甚至杜绝财政转移支付制度运行过程中的主观性、盲目性以及各种人为因素的干扰，使财政转移支付制度在法制轨道有序地运行，使财政转移支付监督的依据更加充分，从而保证财政转移支付监督的顺利进行，真正做到依法实施财政转移支付监督。

第四，出台各类专项转移支付管理办法。由于专项转移支付涉及的领域比较多，像日本对于各类专项转移支付都出台过专门的管理办法。我国在专项转移支付管理方面，对每一项专项转移支付均应及时制定配套管理办法，对专项转移支付的政策目标、设立依据、使用范围、部门职责、分配方法、分配流程、绩效评价、监督检查等内容作出详细规定，并按照国家有关规定向社会公开。

### （二）合理划分事权与支出责任

科学合理划分各级政府间的职责权限，不仅是财政转移支付的重要依据，而且是完善财政转移支付监督的前提和基础。在合理确定各级政府承担事权的基础上，根据事权与支出责任相匹配的原则来确定财政转移支付的领域和事项范围。

第一，体现基本公共服务受益范围。体现国家主权、维护统一市场以及受益范围覆盖全国的基本公共服务由中央负责，地区性基本公共服务由地方负责，跨省（区、市）的基本公共服务由中央与地方共同负责。

第二，兼顾政府职能和行政效率。结合我国现有中央与地方政府职能配置和机构设置，更多、更好发挥地方政府尤其是县级政府组织能力强、贴近基层、获取信息便利的优势，将所需信息量大、信息复杂且获取困难的基本公共服务优先作为地方事权，提高行政效率，降低行政成本。信息比较容易获取和甄别的全国性基本公共服务宜作为中央事权。

第三，实现权、责、利相统一。在中央统一领导下，适宜由中央承担的事权上划，加强中央事权执行能力；适宜由地方承担的事权决策权下放，减少中央部门代地方决策事项，保证地方有效管理区域内事务。要明确共同事权中央与地方各自承担的职责，将财政事权履行涉及的战略规划、政策决定、执行实施、监督评价等各环节在中央与地方间作出合理安排，做到财政事权履行权责明确和全过程覆盖。

第四，激励地方政府主动作为。通过有效授权合理确定地方财政事权，使基本公共服务受益范围与政府管辖区域保持一致，激励地方各级政府尽力做好辖区范围内的基本公共服务提供和保障，避免出现地方政府不作为或因追求局部利益而损害其他地区利益或整体利益的行为。

第五，做到支出责任与财政事权相适应。按照“谁的财政事权谁承担支出责任”的原则确定各级政府支出责任。对属于中央并由中央组织实施的事权，原则上由中央承担支出责任；对属于地方并由地方组织实施的事权，原则上由地方承担支出责任；对属于中央与地方共同事权，根据受益范围、影响程度区分情况，确定中央与地方的支出责任以及承担方式。在事权与支出责任划分的原则下，应尽快出台中央和地方在相应公共服务领域内的事权划分法律文件，明晰政府间的职责归属，确定哪些事务是属于中央事权，哪些事务属于地方事权，哪些事务属于中央与地方共担事权，并依此来确定各自的支出责任。

### （三）构建转移支付监督机制

转移支付监督机制是保障转移支付目标和政策意图的保障，通过构建转移支付监督机制规范转移支付资金使用。

第一，构建全方位的监督体系。从监督机制自身来看，需要严格规范转移支付资金的管理流程，积极探索“预防、监控、检查、处理、公示”等多位一体的全方位监督机制，努力实现监督工作的经常化、制度化，注重并加强对部门的日常监督管理，由单纯的事后监督向事前、事中、事后全过程监督转变。

第二，构建各方参与的监督体系。健全规范的财政专项资金监督机制是提高专项资金使用效率的必要前提，围绕齐抓共管、上下协力、内外结合的方针，逐步建立全方位、多层次、多形式、多渠道的财政专项资金监督体系，对专项资金设立、执行、退出全过程进行监督，确保专项资金设立合法、执行有效、退出及时，切实发挥财政资金效益。

第三，构建全过程监督机制。事前：监督项目主管部门专项资金清理、归并和整合方面的情况，主要检查项目设置是否符合部门履职目标、是否保障确定的重点事项落实，应退出的专项资金是否退出等。事中：监督检查项目分配是否按照规定的分配方式进行，因素选取是否合理，分配过程是否公平公正、是否公开，分配结果是否合理；财政资金下达是否及时；项目使用单位是否按照财政下达资金用途安排使用项目，项目执行进度情况，是否存在挤占挪用等违规违纪行为等。在监督过程中，发现问题采取暂停分配、暂停拨款、回收资金等方式及时纠正。事后：检查专项资金使用账务和记录，评价项目总体情况，发现违规、违纪问题，采取追回资金、处理有关责任人员方式进行问责。

第四，健全监督问责制度。新《预算法》对财经纪律做出了更加严格的规定，根据违法违规的具体情形，加大了责任追究力度。健全的责任追究制度是加强专项资金监管、提高专项资金绩效的重要保障。通过实行强有力的行政问责，对专项资金管理使用形成有效制约，促进专项资金科学配置、规范运行和高效使用。

### （四）建立基于大数据的信息平台

将大数据理念拓展到整个专项转移支付的管理过程中，应该做到两个方面：一是建立专项转移支付信息系统的大数据平台。从对云南省扶贫办的调研情况来看，扶贫办充分利用信息化系统搭建了部门专项转移支付数据平台，可以及时监控州市县的基本情况。这种纵向贯穿于州市县的专项转移支付网络管理系统实现专项转移支付的流程化管理、全过程跟踪、全信息反映，从源头上加强专项转移支付项目的立项审核管理，从过程上对专项转移支付的安排、因素选取、项目绩效等环节实行流程化、动态化的管理，有助于健全绩效管理机制。二是建立以大数据为依托的项目库和因素库。作为大数据平台的依托，项目库和因素库是大数据分析的重要数据来源。所有转移支付项目纳入到项目库中储备和管理，且将各项目的分配因素纳入到因素库中，将项目库和因素库的各项数据作为因子，在大数据平台中进行全面、深入、细致的分析工作，可对下一步财政专项转移支付的设立、分配、管理起到借鉴作用。

### （五）推进转移支付信息的公开

建立专项转移支付信息公开平台，将非涉密信息的专项转移支付设立、分配、管理等信息定期通过信息公开平台对外公布，加强公众对专项转移支付资金使用的监管。财政部门、主管部门和专项资金使用单位等要按照政府信息公开有关规定健全完善专项资金信息公开机制，自觉接受社会监督。

第一，财政部门要在财政专项资金预算经人民代表大会批准后，及时在门户网站上公开对下专项转移支付项目清单。

第二，项目主管部门负责组织其归口管理的财政专项资金管理信息公开工作，公开工作有以下六个方面内容：一是专项资金管理制度；二是专项资金申报指南，包括申报条件、扶持范围、扶持对象、审批部门、经办部门、经办人员、查询电话等；三是专项资金分配程序、分配方法和分配结果，包括专项资金规模、分配因素、分配标准、明细项目及其金额，分配到州（市、县）、项目实施单位、企业和个人的情况等；四是专项资金使用情况；五是专项资金绩效评价、监督检查和审计结果，包括项目财务决算报告、项目验收情况、绩效评价自评和重点评价报告、第三方评价报告、财政检查结论和处理决定、审计结果公告等；六是公开接受、处理投诉情况，包括投诉事项和原因、投诉处理情况等。

第三，项目单位要定期向社会公布项目进展情况，包括项目实施单位及负责人、项目实施进度、资金使用等情况，接受社会对项目实施、资金使用等情况的质询和监督。审计发现专项资金存在问题的，项目单位要认真整改，并及时、全面公开整改情况。

# 第二分报告　建立科学高效的专项转移支付体系

河北省财政厅课题组*

## 一、专项转移支付的理论和政策依据

### （一）专项转移支付的理论

专项转移支付的理论基础主要是辖区间外部性理论和委托代理理论，主要用来矫正辖区间的外溢效应和承办中央委托地方的事务。

1. 辖区间外部性理论。辖区间外溢是指在某一辖区内提供公共产品时所产生的利益或损害会外溢到其他地区。辖区间外溢分为正外溢和负外溢。正外溢的典型案例：例如 A 地区提供的教育服务可能会通过受教育者的外移而流失到另外的地区。负外溢的典型案例：大气污染扩散并不遵守行政边界，存在空间溢出效应，现有的研究表明某一地区大气污染是由本地污染积累以及外地污染输送所导致[①]。

地方政府的行为目标总是从辖区范围内考虑较多，是一种理性的选择；而从社会整体来看，这种理性的选择有时会带来不利的后果。即具有正外溢效果的公共产品出现供应不足现象，而具有负外溢效果的公共产品出现过度供给。解决辖区间外溢性通常需要通过中央政府的转移支付来实施。一般采用一套资金不封顶的配套转移支付办法，配套率取决于外溢比率，即地方政府行为的外溢程度。对于正的外溢性，如劳务输出地的基础教育、职业教育

---

* 课题组负责人：赵新海，成员：武炜、胡德仁、李淑娜、杨毅、周霞、罗云飞、宋伟远、孔维华。

① 孙晓雨、刘金平、杨贺：《中国城市大气污染区域影响空间溢出效应研究》，《统计与信息论坛》，2015 年第 5 期。

等，可用外溢收益的一定比率或是用提供外溢性项目成本的一定比率来确定转移支付；对于负的外溢性，如减少水源地的污染、减少沙尘暴源头的生态损害等，则可考虑用辖区收益损失的一定比率来确定转移支付。总体上讲，这是一种激励约束机制，前者激励各地方政府多做“好事”，后者约束地方政府少做或不做“坏事”。从理论上讲，通过转移支付解决辖区间外溢性问题，其配套转移支付不应该封顶，配套比率要精心设计。但在实践中，一方面，由于财力有限，中央政府提供的配套转移支付可能不足以使地方政府有效提供此类服务。另一方面，由于外溢程度难以测度，而且在各辖区间存在差异，确定合适的配套比率较难，如果确定过高，将会导致接受方的过量花费；如果过低，则会起不到激励的作用。

2. 委托代理理论。20 世纪 30 年代，美国经济学家伯利和米恩斯因为洞悉企业所有者兼具经营者的做法存在着极大的弊端，于是提出“委托代理理论”，倡导所有权和经营权分离，企业所有者保留剩余索取权，而将经营权利让渡。“委托代理理论”早已成为现代公司治理的逻辑起点。在政府间事权已经划分清楚的前提下，上级政府和下级政府也常常存在委托代理关系，一些本来由中央承担的事务却委托给地方。它不同于中央和地方共担事务，通常指那些影响面比较大又需要地方来办的事务，一般指同国计民生或国家形象、国家安全有重要的利害关系的事务。比如戍边、反恐、重大疫情防范、拦截毒品等。由于地方政府在地理位置、实施成本、信息对称等方面具有优于中央政府直接提供基本公共服务的条件，因此中央政府也可能授权由地方政府来实施。

**（二）专项转移支付的分类**

1. 按照政府间事权和支出范围划分。孙开（2010）认为，按照政府间事权和支出范围划分为标准，现行专项转移支付方式大致分为以下四种类型：一是属于中央政策导向范围的专项转移支付；二是中央委托地方承办事务的专项转移支付；三是中央和地方政府共同事权范围内的专项转移支付；四是针对地方政府责权范围内事权的专项转移支付。这项资金通常主要用于促进偏远落后地区工作、生产、生活条件的改善，实现区域间的协调发展[①]。刘

① 孙开：《专项转移支付现状考察与管理方式优化》，《财政研究》，2010 年第 8 期。

尚希把专项转移支付主要分为解决辖区间外溢性问题的转移支付、中央委托地方事务引致的转移支付、以增强国家政治控制力为目标的转移支付三大类①。财政部把专项转移支付分为委托类、共担类、引导类、救济类、应急类等五类。

2. 按照专项转移支付分配模式划分。专项转移支付资金分配模式可以划分为因素法、项目法、因素法与项目法相结合等方法。(1) 因素法。因素法是指根据与支出相关的因素并赋予相应的权重或标准，对专项转移支付资金进行分配的方法。(2) 项目法。项目法是指根据相关规划、竞争性评审等方式将专项转移支付资金分配到特定项目的方法。与因素法分配的转移支付相比，按项目法分配的专项拨款要求潜在的接受者提出申请，需要大量的项目前期准备工作和高额的管理费用。对实行项目法分配的，要求各级政府财政部门和有关部门应根据国民经济和社会发展规划编制项目计划，建立项目库，并实行滚动管理。

## 二、市场经济国家专项转移支付的经验及启示

专项转移支付作为国家宏观调控的有效手段和政策工具，是国际上普遍实行的一种转移支付制度。

### （一）美国专项转移支付

专项转移支付在美国转移支付总额中占比约 80%。专项拨款主要适用于医疗卫生、社会保障、教育、交通、住房、能源等方面。

1. 项目专项拨款是美国运用历史最悠久的一种转移支付形式，它的项目种类很繁多。与公式专项拨款的自动拨款机制相比，项目专项拨款的程序稍微复杂一些，受补助者需要提出申请，呈交项目设计方案，再由政府或国会评选、审批资金分配方案，明确拨款接收方在该项目上的开支权限。项目拨款一般要求拨款接收方拿出配套资金，实现上下级政府的通力合作。配套资金可以采取现金或实物的形式。同时为了遏制地区间财政不平衡的现象，美国联邦政府设定了区别对待的配套资金比例。

2. 分类拨款又叫整块拨款，它介于专项拨款与一般目的拨款之间，融合

① 刘尚希、李敏：《论政府间转移支付的分类》，《财贸经济》，2006 年第 3 期。

了有条件拨款与无条件拨款两大形式。相对于一般目的拨款，分类拨款仍属有条件拨款。相对于专项拨款，分类拨款对资金使用的限制较少，通常将资金用途限定于某一类公共产品或服务。在该类公共产品或服务内部各种项目之间，州和地方政府有一定自主权决定资金如何分配和运用，例如优先投入哪些项目，不过这种自由度不是绝对的，联邦政府规定了在一些具体项目上资金投入额度的最小值和最大值，防止州和地方政府偏离联邦的政策目标。此外，倘若使用分类拨款后，完成的项目没有达到一定标准，那么联邦政府便不会再给州和地方政府分类拨款。

分类拨款的产生与20世纪80年代联邦政府大规模的财政赤字有关。通过合并庞杂的专项拨款，联邦政府成功地削减了10%—30%的开支。1981年美国国会通过了《综合预算协调法案》，将77项专项拨款合并成6项分类拨款。到1995年分类拨款的数量达到15项，主要包含社会服务、医疗卫生、就业培训、城市发展、能源、教育等大类。美国各级政府在实行分类拨款时形成了“联邦出钱，州和地方政府用钱、管事”的局面，有效促进了地区间公共服务的均等化。联邦政府在确定分类拨款的对象时需衡量地方政府提供公共产品或服务的成本、承担项目费用的能力等因素，依照法定的公式计算分配数额。考虑到州和地方政府的实际需求，分类拨款基本不要求提供配套资金。

总体来看，美国转移支付制度的一大特点是将以专项拨款为代表的有限额的配套拨款作为最常用的形式。专项拨款在美国如此受青睐的原因有三：一是美国总体经济发展水平高，地区间的差异不像中国这样显著，相比之下美国更需解决的问题是城市化中的贫困问题；二是美国财政体制的目标不仅仅停留在财力均衡，更是要保证各地区达到一定水准的公共服务，消除地方公共产品的外部性问题；三是联邦政府希望提高自身的宏观调控能力，促使州和地方政府在运用财政资金从事经济和社会活动时能够配合联邦政府的政策目标。美国转移支付体系还有一大特色是采用分类拨款，它的出现标志着美国转移支付制度的创新。分类拨款将同一领域内过于繁杂零碎的专项拨款加以整合，简化了项目管理，提高了转移支付的效率，赋予了州和地方政府更大的决策权力，能够更好地发挥州和地方政府的积极性。州和地方政府可以因地制宜灵活选择符合当地发展规划和财政需求的资金使用方式。由专项拨款向分类拨款的过渡体现了时任总统里根的新联邦主义思想，顺应了绩效管理的思潮，意味着美国联邦政府把关注的重点从资金投入转变为资金使用的结果和效果。

### （二）英国专项转移支付

英国的集权财政按照收支匹配的原则在政府间自上而下地细化分配政府职能，并采用公共部门与私人部门竞争合作的供给方式，体现了英国公共服务职能实现中“集权财政”和“有限政府”的两大特点。

1. 权责匹配、政府职责划分明晰，这是公共服务有效供给的前提。当前中国政府间财政体制的一大弊病是，政府间支出事权划分不明，地方政府尤其是基层政府的收入与支出责任出现了很大的不匹配，造成了地方政府入不敷出。中国基层政府承担了很多的支出任务，却没有得到相应的财力保障，使得基本公共服务供给不足，隐性债务巨大，严重依赖体制外资金。英国是扁平式的政府层级体制，采用两级或一级地方实体政府。其政府间财权与事权对称，各级政府有着明确的收入和支出分工。其中，中央政府收入比重高，但也负担了相应的支出责任。而地方政府则是根据自己的财力保障本辖区贴近居民日常生活的基本公共服务职责。在明确了基本公共服务供给的职责后，代议制下的地方政府能够更清晰地了解到当地居民对基本公共服务的需求，从而有针对性地提供基本公共服务。

2. 在职责明确的情况下，财政转移支付的作用才能更加有效。在中央财政集权体制下，英国地方政府财政也在相当大的程度上依赖着中央财政转移支付。英国政府间的职责划分明确，财政转移支付多以专项为主、额度核算主要依照事权和服务要素来进行。因此，中央政府在分配财政转移支付和地方在使用专项转移支付时，都有一个透明通畅的渠道，资金下放到地方后的资金归属和使用都比较清晰。目前，中国依照事权核定的专项转移支付则太不规范和缺乏稳定性，使地方政府无法准确地进行预算和有效利用。

3. 中央政府应当负担外部性大、需要强大财力保障的基本公共服务，诸如教育、医疗和社会保障等。由于地方政府存在供给能力上的限制可能造成基本公共服务投入不足，同时由于地区间经济实力不均，也容易造成基本公共服务的不公平。在英国基本公共服务职责的划分中，严格遵循了按照公共产品外部性大小而划分的原则，越高层级的政府承担着更加关系国计民生和受益范围越广的服务职责，越低层级的政府则负责更加贴近居民日常生活的基本公共服务。中央承担大宗的基本公共服务，资金来源是中央政府税收。地方政府则承担辖区内的一些消防治安、城市规划、街道清理等小宗服务，有限的地方税收和财政转移支付共同构成其支出来源。

4. 英国的很多基本公共服务的供给方式是通过私人部门与政府合作来实现。英国执行“有限政府”的理念，通过向公共部门引入竞争机制、基本公共服务外包等方式充分实现了基本公共服务的有效供给。中国政府在向公民提供服务的过程中，公开倡导公私合作生产公共服务的情况较为鲜见，由政府部门垄断的公共服务行业仍然存在。英国地方政府通过推行竞争供应、引入民间资本营运的改革，对降低公共服务成本、扩大融资渠道、提高公共服务质量起到了重要作用，达到了政府投资风险转嫁的效果，实现了政府、公民和私人部门的三赢。由于“有限政府”在公共服务上的“权威地位”，因此，实现更有效的公共与私人部门的竞争和合作将是中国需要改进的地方①。

### （三）日本专项转移支付

国库支出金是以实施中央政府的社会经济政策为目的而对地方政府进行的财政资金转移，是中央政府给地方政府具有特定用途资金的统称。设立国库支出金的目的主要体现在如下几个方面：

1. 确保公共服务的全国均等化水平。如义务教育等，其实施状况具有巨大的正外部效应，也是中央政府的责任，部分经费由中央政府承担，有助于维持其公共服务水平的均等化。

2. 促进财政资金有重点、有计划地投入。对道路、河流、港湾等基础设施建设，中央通过提供经费引导地方政府按照中央的目标和规划有序发展。

3. 援助遭受特殊困难的地方政府。如遭受自然灾害的地方政府，难以通过自身的平衡机制筹集灾后重建资金，最终会影响当地政府财政的正常运转，中央通过专项转移支付补助，能够保证灾后重建工作尽快地实施与完成。

4. 援助财力薄弱的地方政府。地方政府财力薄弱或面临财政重建等特殊财政需要时，中央政府可通过提高补助率、利息补助等对其进行财政援助，

① 江依妮：《英国集权财政下公共服务供给的分析与启示》，《当代财经》，2011 年第 4 期。

以确保接受补助的地方政府的财政健康运行。

5. 鼓励从事创新活动的地方政府。对地方政府致力于那些中央政府急于从事却难以从事的活动，对其花费由中央财政给予一定的奖励，以鼓励地方政府提供公共服务时的创新意识。

6. 对地方政府受托承担中央事务的给予补助。对应由中央政府承担的工作，出于便利国民、提高效率等考虑而委托地方政府实施，对所需经费由中央财政支付。

按照国库支出金的支出目的分类，主要有三种类型：国库负担金、国库补助金和国库委托金。

国库负担金是为了保证国家政策的执行，确保一定的行政水准，减轻地方政府的财政负担，对于那些本应由地方政府承担的支出责任，国家和地方政府分别承担部分费用，由国家承担的部分称为国库负担金。例如“儿童辅助费”、“灾害救助事业费”需要由国家和地方政府共同承担的拨款。

国库补助金是国家为了奖励从事特定工作以及为特定工作提供援助所给予地方政府的财政补助。例如埋藏文化发掘调查补助金等。

国库委托金是与国家利益相关的本应由国家承担的事权，为便于操作和执行，委托地方政府经营，国家将相关经费以委托的方式交付给地方政府。例如，委托地方政府从事的国民年金业务、国会议员的选举、国税调查等。

**（四）发达国家专项转移支付制度的经验启示**

启示之一：合理划分各级政府间的事权与财权，是实施政府间专项转移支付制度的重要依据。如果事权与财权划分不够清楚，专项转移支付的依据就不明确，进而会导致专项转移支付的责任不清。各级政府间职责划分越清晰，专项转移支付制度运行效率就越高。日本同时对地方实行中央委托支出金、中央特定补助金及项目拨款三种补助金。其中中央委托支出金主要用于在事权划分明晰之后，关系国家整体利益需要中央负担，但具体委托地方政府承办的事务所需经费；中央特定补助金主要用于在地方政府分担的事务中，中央认为有必要加以鼓励、支持的，可给予一定补助；项目拨款主要是对一些基础性建设项目采取的专项拨款。这样既便于考核资金的使用效果，使有限的资金用在刀刃上，又有利于确定对各地方的补助额，避免地区间互相攀比。

启示之二：法治化的制度体系是专项转移支付制度的重要基础。无论是联邦制国家还是单一制国家，其专项转移支付制度普遍具有较为明确的法律依据，大大减少了人为因素干扰，稳定了各级政府的预期。

启示之三：因素法的测算分配是专项转移支付制度的显著特征。发达国家转移支付大都选择了一些能反映各地基本情况和财政收支状况的客观因素作为分配依据，一些国家还根据经济社会发展变化情况建立了动态调整机制。财政转移支付公式设计大多具有较高的透明度，提高了转移支付测算的准确性，减少了财政转移支付的盲目性和随意性。

启示之四：公益性的使用方向是专项转移支付制度的主要目标。专项转移支付集中在教育、基础设施建设等领域，目的侧重于实现提高公共产品供给质量和效率，而不是投入到生产性、竞争性领域。

## 三、我国专项转移支付发展历程

专项转移支付规模的增长与国家的宏观调控政策密切相关，我国的专项转移支付从1995年开始到2017年的规模和占比变化可划分为五个阶段（见表2－1、表2－2）。

表2－1　我国各类财政转移支付情况　单位：亿元，%

| 年份 | 数量 | | | | 比重 | | |
|---|---|---|---|---|---|---|---|
| | 返还性收入 | 一般性 | 专项 | 合计 | 返还性收入 | 一般性 | 专项 |
| 1995 | 1867.26 | 290.90 | 374.73 | 2532.89 | 73.72 | 11.48 | 14.79 |
| 1996 | 1948.64 | 234.91 | 488.80 | 2672.35 | 72.92 | 8.79 | 18.29 |
| 1997 | 2011.63 | 273.37 | 515.90 | 2800.90 | 71.82 | 9.76 | 18.42 |
| 1998 | 2082.76 | 313.11 | 889.45 | 3285.32 | 63.40 | 9.53 | 27.07 |
| 1999 | 2120.56 | 511.39 | 1360.32 | 3992.27 | 53.12 | 12.81 | 34.07 |
| 2000 | 2206.54 | 893.37 | 1647.74 | 4747.65 | 46.48 | 18.82 | 34.71 |
| 2001 | 2308.86 | 1604.79 | 2203.53 | 6117.18 | 37.74 | 26.23 | 36.02 |
| 2002 | 3006.82 | 1944.08 | 2401.81 | 7352.71 | 40.89 | 26.44 | 32.67 |
| 2003 | 3425.27 | 2241.19 | 2391.73 | 8058.19 | 42.51 | 27.81 | 29.68 |
| 2004 | 4051.00 | 2933.73 | 3237.71 | 10222.44 | 39.63 | 28.70 | 31.67 |
| 2005 | 3757.32 | 3715.75 | 3647.00 | 11120.07 | 33.79 | 33.41 | 32.80 |
| 2006 | 3930.00 | 5025.00 | 4634.00 | 13589.00 | 28.92 | 36.98 | 34.10 |

续表

| 年份 | 数量 | | | | 比重 | | |
|---|---|---|---|---|---|---|---|
| | 返还性收入 | 一般性 | 专项 | 合计 | 返还性收入 | 一般性 | 专项 |
| 2007 | 4121.00 | 7017.00 | 6187.00 | 17325.00 | 23.79 | 40.50 | 35.71 |
| 2008 | 4282.00 | 8491.00 | 9397.00 | 22170.00 | 19.31 | 38.30 | 42.39 |
| 2009 | 5864.00 | 11077.00 | 11755.00 | 28696.00 | 20.43 | 38.60 | 40.96 |
| 2010 | 6043.00 | 13148.00 | 13829.00 | 33020.00 | 18.30 | 39.82 | 41.88 |
| 2011 | 6225.00 | 18315.00 | 17484.00 | 42024.00 | 14.81 | 43.58 | 41.60 |
| 2012 | 6338.00 | 21520.00 | 18886.00 | 46744.00 | 13.56 | 46.04 | 40.40 |
| 2013 | 6407.03 | 24090.20 | 18209.00 | 48706.23 | 13.15 | 49.46 | 37.39 |
| 2014 | 6458.77 | 26566.15 | 18936.49 | 51961.42 | 12.43 | 51.13 | 36.44 |
| 2015 | 6452.74 | 28930.87 | 21571.26 | 56954.87 | 11.33 | 50.80 | 37.87 |
| 2016 | 6890.35 | 31887.01 | 20708.99 | 59486.35 | 11.58 | 53.60 | 34.81 |
| 2017 | 9138.00 | 35030.48 | 21481.51 | 65649.99 | 13.92 | 53.36 | 32.72 |

**表 2-2　　我国各阶段财政转移支付增速情况**　　单位:%

| 阶段 | 返还性收入 | 一般性 | 专项 | 合计 |
|---|---|---|---|---|
| 1995—1997 年 | 3.79 | -3.06 | 17.33 | 5.16 |
| 1998—2003 年 | 10.46 | 48.24 | 21.88 | 19.66 |
| 2004—2007 年 | 0.57 | 33.73 | 24.09 | 19.23 |
| 2008—2012 年 | 10.30 | 26.17 | 19.07 | 20.50 |
| 2013—2017 年 | 9.28 | 9.81 | 4.22 | 7.75 |

### （一）第一阶段

第一阶段为 1995—1997 年。这一阶段随着我国财政收入和转移支付规模的稳步增长，在返还性收入、一般性转移支付、专项转移支付等三类转移支付形式中专项转移支付增长速度最快。1995—1997 年，专项转移支付由 374.73 亿元增长到 515.90 亿元，年均增长 17.33%，比同期的财政转移支付整体增速要高 12.17 个百分点。该阶段专项转移支付的占比从 1995 年的 14.79% 增加到 1997 年的 18.42%，提高了 3.63 个百分点。

### （二）第二阶段

第二阶段为 1998—2003 年。期间专项转移支付从 1998 年的 889.45 亿元增加到 2003 年的 2391.73 亿元，年均增长 21.88%，专项转移支付占比则从

1998年的27.07%增长到2003年的29.68%。这一阶段，专项转移支付增长明显，一个主要因素是应对1998年国际金融危机，为了解决内需不足，国家实施积极财政政策以刺激经济增长。尤其是2001年专项转移支付占比达到36.02%，达到历史新高。但是这一阶段由于地区间财力差异较大，为了保证地区间财政均等化，一般性转移支付的增速最快。

### （三）第三阶段

第三阶段为2004—2007年，专项转移支付增速要高于财政转移支付增速4.86个百分点。2005年返还性收入、一般性转移支付和专项转移支付的比重基本上呈现三分天下的阶段各占1/3。从2006年开始返还性收入的比重下降到1/3以下，返还性收入的比重低于一般性转移支付和专项转移支付的比重。

### （四）第四阶段

第四阶段为2008—2012年，也是专项转移支付增长的第二个高峰期。2008年9月，国际金融危机全面爆发后，中国政府于2008年11月起推出了进一步扩大内需、促进经济平稳较快增长措施，逐步形成应对国际金融危机的一揽子计划。2008—2012年，专项转移支付的比重均在40%以上，特别是到2010年底完成新增四万亿元投资计划，其中财政投入主要以专项转移支付的形式来完成。同时，这一阶段也是各种专项转移支付资金密集设立的时期。尤其是2008年，专项转移支付占比为42.39%，达到新的历史最高点。

### （五）第五阶段

第五阶段为2012—2017年。财政专项转移支付制度运行二十多年，在推动社会经济发展等方面发挥了积极作用，但因为顶层制度设计缺失，仅依靠单项制度的修补完善，其积累的问题和不足日益显现，难以适应当前财政经济发展的需要，逐步推进以下三个层面的改革。一是中央层面的决策部署。2013年党的十八届三中全会通过《中共中央关于全面深化改革若干重大问题的决定》，要求完善财政转移支付制度，地方财力性缺口通过增加一般性转移支付弥补，建立一般性转移支付固定增长机制，整合、清理、划转、规范专项转移支付项目，严格控制政策类专项设立，取消竞争性专项。二是法律层面的改革部署。2014年8月修订的《预算法》，明确国家实行财政转移支付制度，包括中央对地方、地方上级对下级的转移支付，以推进地区间基本公共服务均等化为主要目标，专项转移支付主要用于办理特定事项。三是政府层面的实施部署。2014 年出台的《国务院关于深化预算管理制度改革的决定》和《国务院关于改革和完善中央对地方转移支付制度的意见》，首次明确了财政转移支付结构安排，要求增加一般性转移支付规模，目标占比提高到 60% 以上，控制专项转移支付项目数量和资金规模，逐步取消竞争性领域专项，建立健全定期评估和退出机制。2015 年财政部制定的《中央对地方专项转移支付管理办法》进一步细化了国务院的改革部署，其中规定："专项转移支付预算总体增长幅度应当低于中央对地方一般性转移支付预算总体增长幅度"。这一阶段，因财政转移支付总规模的增长，专项转移支付规模仍不断增长，但是增长速度明显放缓，规模由 2012 年的 18886 亿元增加到 2017 年的 21481.51 亿元，年均增长 4.22%，占比也呈现逐年下降的态势，专项转移支付增速分别低于同期财政转移支付和一般性转移支付增速 3.53 个和 4.59 个百分点，占比由 40.40% 下降到 32.72%（见图 2－1）。

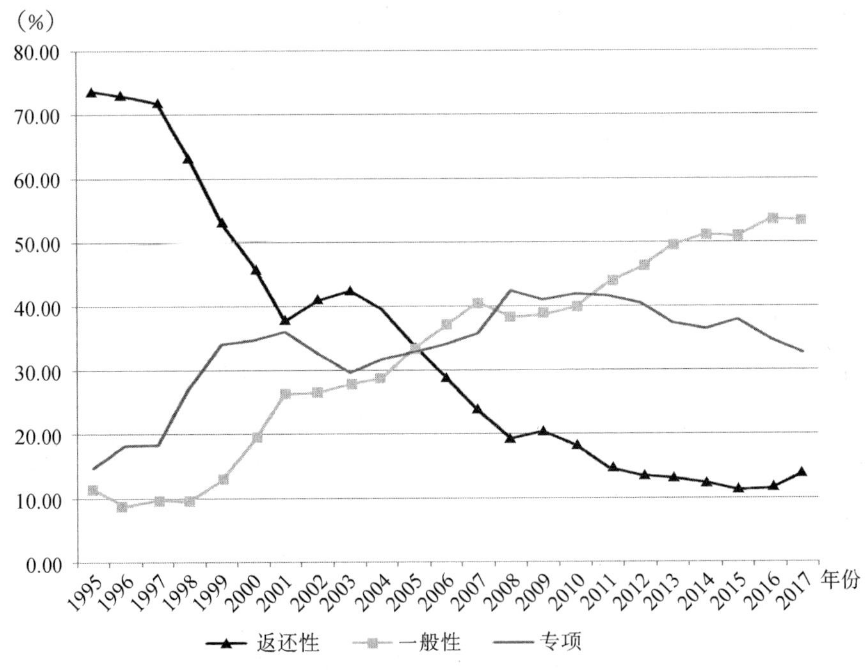


**图 2－1　1995—2017 年财政转移支付结构发展态势**

## 四、河北省专项转移支付改革进展

### （一）清理规范整合专项转移支付项目

近年来河北省以绩效为导向，按照“五取消、四整合、三控制”的原则全面清理、规范、整合现有省对下专项转移支付项目。“五取消”，即取消不属于省级支出责任的项目，取消近几年绩效评价效果不好、偏离项目初设目标的项目，取消下达市、县额度较小、无实质意义的项目，取消没有政策依据的市、县工作奖励或经费补助项目，取消政策执行期限已满或原定政策目标和任务已完成的项目。“四整合”，即对与中央配套项目，中央转移支付项目已整合的，相应整合省级项目；其他项目属于同一领域、在同一部门管理的事务，原则上不分设转移支付项目，目前分设的予以归并；属于同一领域、分散在不同部门管理的，原则上整合到一个部门，暂时无法整合的，要分别界定投入方向，不得重复交叉投入；部门内部项目分散、支持对象相近的，予以合并。“三控制”，即控制竞争性领域专项转移支付，对市场机制能够有效调节的予以取消，对因宏观调控等配套出台的专项明确执行期限；控制部门专项转移支付项目个数，2016 年预算省级专项转移支付项目数量原则上较上年压减 1/2，以后年度根据中央改革情况再进行必要的清理整合；控制专项转移支付额度，除国家和省有明确政策要求或对特定地区转移支付外，专项转移支付金额原则上不低于 5000 万元。

### （二）推进转移支付分配方式改革

1. 明确改进专项转移支付分配方式，除重大项目和有特殊规定的项目外，省对下转移支付原则上不再直接审批项目，推行因素法分配，下放项目资金审批权，省级重点对市县资金使用进行监督检查。减少项目审批，改用因素法分配，可以加快资金下达，便于市县统筹，加快支出进度，增强市县政府的决策权、自主权和管理责任。对确需实行项目管理的，也要从严界定、从紧控制，采用公开招标、公开评审等方式实行竞争性分配。

2. 对竞争性领域专项逐步改变直接补助的分配方式，主要采取基金管理等市场化方式予以支持，逐步与金融资本融合，以利于撬动社会资金。

### （三）严控新设专项转移支付

1. 明确新设专项，由部门申请、财政审核、省政府审定，重大项目提交省人民政府常务会议研究。

2. 明确省级各部门不得在各类文件、工作会议、发展规划、实施意见等中对设立、增加专项转移支付事项作出规定。严控新设专项转移支付项目。专项转移支付应依法依规设立，严格按程序批准。新设省对下专项转移支付要有明确的政策依据、政策目标、资金需求、资金用途、执行期限、主管部门和职责分工，由省有关部门提出申请，省财政厅提出意见，报省人民政府审定。新设专项转移支付不得违背《河北省人民政府办公厅关于进一步加强财政资金统筹使用的通知》（冀政发〔2015〕25 号）明确的“五取消、四整合、三控制”原则。

### （四）建立专项转移支付定期评估和退出机制

明确加强转移支付绩效评价，完善专项转移支付退出机制，对专项转移支付实行期限管理，竞争性领域不超过 3 年，民生等其他项目不超过 5 年，执行期满后自动撤销；确需延期的，作为新设专项转移支付重新审批。

### （五）专项转移支付预算安排与上年执行挂钩

根据 2017 年上半年和 10 月底支出进度测算扣减系数，相应核减 2018 年同类资金预算。其中，2017 年上半年进度未达到 60% 部分占权重的 30%，2017 年 10 月底进度未达到 90% 部分占权重的 70%，即：

$$扣减比例(\%) = 100\% \times [(60\% - X)/60\% \times 30\% + (90\% - Y)/90\% \times 70\%]$$

$X$ = 部门 2017 年 6 月底分类项目资金支出进度

$Y$ = 部门 2017 年 10 月底分类项目资金支出进度

## 五、建立科学高效的专项转移支付体系的政策建议

### （一）分类推动专项转移支付改革

事权和支出责任划分是处理好中央和地方关系最重要的制度安排。只有明确划分了各级政府之间的事权，各级政府的支出责任才能明确界定。在合理划分中央和地方事权支出责任基础上，逐步推进财政转移支付改革，形成一般性转移支付和专项转移支付相结合的转移支付制度。属于中央事权的，主要通过中央本级支出承担支出责任，少量通过专项转移支付委托地方承担支出责任；随着中央事权和支出责任适当上移，适当减少委托事务，提高中

央直接履行事权安排支出的比重，相应减少专项转移支付。属于中央和地方共同事权的，由中央和地方共同分担支出责任，中央分担部分通过专项转移支付承担。属于地方事权的，由地方承担支出责任，中央主要通过一般性转移支付给予支持，少量的引导类、救济类、应急类事务通过专项转移支付予以支持，以实现特定政策目标。

### （二）加大清理整合和调整力度

对专项转移支付结构实施优化，需要对现阶段的专项转移支付项目区别对待、合理处置，该清理的清理，该整合的整合，该调整的调整，由此达到结构优化的目标。具体来说，就是要清理过时的项目，合并交叉重复的项目，把不符合专项转移支付性质与功能的项目调整出去，对应当保留的专项加强规范和管理，防止专项转移支付再次膨胀。一是取消过时的、已完成历史使命的项目。二是将不属于专项转移支付的专项调整出去。三是整合重复、交叉的专项转移支付项目。四是规范保留的专项转移支付。

### （三）加强和规范专项转移支付的管理

1. 严格立项工作。对专项转移支付的立项，要实现法制化。要遵循公开、透明原则，定期根据国家的宏观政策、方针结合地区间差异、实际情况进行调整，不断提高财政资金的使用效益。要严格控制新增专项转移支付项目，确因经济社会发展需要新设立的专项，应有明确的政策依据、政策目标和执行期限，由财政部审核后报国务院审批。专项转移支付资金安排要列入预算，报人大审查批准；出台专项转移支付政策，要由部门研究提出意向，由财政部进行评估，并按照量力而行的原则，结合中期规划并区分轻重缓急进行综合平衡，然后向国务院提出建议，经国务院常务会讨论决定。

2. 建立专项转移支付定期评估和退出机制。深入推进预算绩效管理，“花钱要问效，无效要问责”，构建科学有效的专项转移支付绩效管理体系，实现“项目申报有目标，目标执行有监控，项目完成有评价，评价结果有反馈，反馈结果有应用”。每年要对专项转移支付的绩效按项目逐一实施考核以及评估工作，同时把评估结果当作以后年度分配资金的重要参考。对资金使用效率低且不符合形势要求的项目，予以取消；对政策实施未达到预期效果的项目，要及时整改或调减预算额度；对管理不尽完善的项目，要责成尽快完善有关管理制度。

3. 确保每个专项都有一个资金管理办法。既要做到每一个专项转移支付都有资金管理办法，但又不能一个专项有多个管理办法，变相增设专项。管理办法要明确规定部门职责分工、资金补助对象、资金使用范围、资金分配办法等内容。补助对象应按照政策目标设定，并按补助政府机构、事业单位、个人、企业等进行分类，便于监督检查和绩效评价。

4. 规范和加强社会中介组织管理。对参与专项资金管理的社会中介组织实行资格备案制，采取公开选用并定期更换的方式规范和加强社会中介组织对专项资金的评审。严格专家遴选机制，强化专家的责任意识和风险意识，完善专家库制度。运用监管手段实施重点监督检查，根据各类专家在专项资金评审过程中的不公正和失责行为记录，将其列入黑名单，通过新闻媒体或者网络向社会公布，促使专家在专项资金评审中讲诚信、守信用、履行应有的社会责任。

**（四）规范专项转移支付的资金分配方法**

1. 创建比较完整的、准确科学的统计指标体系。抓紧构建政府统计信息系统，创建政府主导、统计部门牵头负责、有关部门密切配合的统计管理制度，同时提升基础数据体系设计、采集和应用的前瞻性、科学性和准确性，降低人为操作、掺水造假的空间，为建立科学高效的专项转移支付体系提供数据基础。

2. 尽可能多地采取因素法分配专项转移支付资金。专项转移支付资金分配原则上应以因素法为主，要逐步提高采用因素法分配的范围和比例，权重的确定和因素的选取要客观、公正、公开。由于某些专项转移支付资金最终使用是要确定具体项目的，资金按因素法切块下达省级政府后，还要注意防止风险下移，避免基层政府和部门成为腐败高风险点。按项目法分配的，专项申报要规定合理期限，实行项目库滚动管理，全部向社会公开，接受公众监督，以增强项目论证的科学性。

3. 合理推动部分专项转移支付资金的竞争性分配。推动一些适合使用竞争性分配方式的专项转移支付资金实行竞争性分配，同时要切实保障分配的公平有序。要完善顶层设计，保障制度公平。明确专项转移支付资金竞争性分配的范围，将可以带有竞争性的专项纳入竞争性分配范围，比如，试点示范类的专项就很适合通过竞争性方式选择确定试点示范范围。对那些公益性很强、不适宜竞争的专项资金则不予纳入；考虑地区发展水平，建议对经济社会发展水平相似的地区实施竞争性分配，以提高竞争的公平性；允许和鼓励地方政府发展有特色的项目，深化专项资金竞争性分配的内涵。在竞争性分配中，要细化规章制度，明确各方职责，一方面加强内部制约和外部监督，体现财政资金分配程序公平、结果公正；另一方面推动申请者完善资金使用方案，明晰资金绩效目标，提高资金使用效益。对于扰乱竞争秩序的地方政府、地方政府官员以及其他有关利益主体，要制定相应的处理措施。

**（五）完善专项转移支付的公开机制**

公开透明是防止专项转移支付管理出现问题的最有效手段之一。应加强顶层制度设计，逐步扩大预决算公开范围，细化公开内容，完善公开机制。一是专项转移支付预决算要公开到具体项目。二是除涉密信息外，专项转移支付的管理办法、分配结果都应向社会公开。三是要全面公开。不仅要公开转移支付的分配方法，具体有公式设计、因素测算、标准核定等内容，还应该公开专项转移支付资金的分配结果。上级政府应及时公开各项转移支付的分配结果，使下级政府不仅掌握本地区的转移支付额，也能了解其他地区的情况，从而有效防止发生“暗箱操作”等违规行为。进一步提前转移支付的分配和下达时间，上级转移支付要分别纳入本级和下级政府预算，提高预算编制的完整性，也利于政府和人大实施监督。另外，还应该要求转移支付资金的安排使用状况必须向人大报告，并逐步向社会公开，以利于接受社会监督、舆论监督。四是建立统一的专项转移支付资金信息平台。推进信息化建设，建立政府信息共享平台，消除信息“孤岛”。在财政部门户网站下设立专项转移支付信息公开频道，统一公布各司局管理的全部专项转移支付项目名称、预算规模、资金管理办法、分配程序、申报要求、表格样式，统一受理相关单位项目申报，统一公开资金分配结果和资金拨付进度。适当延长项目申报期限，细化分配结果公开内容，将具体的用款单位及资金额度、项目实施及绩效基本情况予以公开，使得上情下达、下情上达的渠道畅通，避免因信息不对称、不充分、不准确带来的资金分配不合理、转移支付资金无法安排使用或效益不高等问题。五是推进民主理财，提高专项转移支付管理过程中社会公众的参与程度。

### （六）切实加强对专项转移支付的监督检查

有力的监督和惩处是专项转移支付相关管理制度得到有效执行的保障，将财政监督、人大监督、审计监督、司法监督和社会监督等各种监督资源有机整合，构建专项转移支付的全方位监督体系。全面发挥各方面的力量，以实现专项转移支付资金分配和使用中合规性、安全性、效率性的有机统一。人大监督职能要切实落到实处，加强人大预算决算审查监督，人大审核预算的重点由平衡状态、赤字规模向支出预算和政策拓展。强化审计监督，努力揭露滥用权力、以权谋私等行为，起到对贪污腐败行为的震慑作用。加强财政监督。财政监督工作要做到日常监督与重点检查相结合，对敏感领域、重点地带要组织进行专项检查，对重要支出政策和专项转移支付资金进行绩效评估。

# 第三分报告　构建科学高效的专项转移支付体系研究

——以中央与湖南省为例

湖南省财政厅预算处　湖南商学院

专项转移支付是政府为解决特定社会问题、实现特定政策目标而设置的针对特定主体的财政转移支付，从而激励下级政府执行某项特殊的项目或活动，专款专用是专项转移支付最基本的特征，会对获得专项转移支付资金的地区或社会经济主体产生收入效应、替代效应、引致效应、挤出效应、漏损效应等方面的影响。本文以中央与湖南省为例，对专项转移支付现状、存在问题及其相关对策进行理论与实证分析

## 一、专项转移支付政策依据

### （一）中央的相关政策依据

1. 整体要求。即从整体上明确界定中央对地方专项转移支付的分类、设立原则、审批部门、资金下达、资金申报、审核、分配程序、预算绩效管理和监督追责机制等，主要有《国务院关于推进中央与地方财政事权和支出责任划分改革的指导意见》（国发〔2016〕49 号）、《中央对地方专项转移支付管理办法》（财预〔2015〕230 号）、《中央对地方专项转移支付绩效目标管理暂行办法》（财预〔2015〕163 号）、《国务院关于改革和完善中央对地方转移支付制度的意见》（国发〔2014〕71 号）等相关政策依据。

2. 分类规范。各主管部门出台了规范各类专项资金的一系列管理办法，主要对专项资金的分配、管理、使用等方面予以规范。具体可分为农林水、科技教育文化、经济发展转型、节能环保、社会保障与就业、医疗卫生等各类专

项转移支付政策和办法，不同部门的专项转移支付政策和办法既有共性，也有其特殊性，如《中央财政专项扶贫资金管理办法》（财农〔2017〕8号）、《中央财政促进服务业发展专项资金管理办法》（财建〔2013〕4号）等。

### （二）湖南省的相关政策依据

根据中央关于专项转移支付体系的相关政策，湖南省近年来也从“整体要求”和“分类规范”两个方面出台专项资金相关管理办法，形成了“1+X”的政策体系。

“1”即“一项整体要求”，即以《湖南省省级财政专项资金分配审批管理办法》（湘政办发〔2015〕90号）为主体的规范湖南省专项转移支付的政策和管理办法。

“X”即围绕着上述“一项整体要求”，湖南省各省级部门出台了各类专项资金监督管理办法，可分为农林水、科技教育文化、经济发展转型、社会保障与就业、医疗卫生、节能环保、其他等类别。如《湖南省科技发展计划专项资金管理办法》（湘财教〔2015〕57号）、《湖南省信息产业和信息化专项资金管理办法》（湘财企〔2015〕13号）等。

## 二、我国专项转移支付现状和存在问题分析

### （一）中央对地方政府的专项转移支付现状

我国中央对地方政府的专项转移支付规模从1994年的361亿元增加到2016年的21482亿元，增长了59倍，年均增长率为20.41%，补助范围涉及财政支出的所有功能分类，项目繁多。专项转移支付在中央对地方转移支付中的占比总体上呈逐渐下降趋势，从1994年的72.64%降到2016年的38.01%，一般性转移支付的比重逐步上升，专项转移支付的绝对规模与相对规模更加趋向合理。

以湖南省为例，2016年，中央下达湖南省专项转移支付1042.9亿元，比2015年（1088.4亿元）减少了4.2%。从专项转移支付投向来看，2014年投入最多的是农林水、住房保障、交通运输，共计533.3亿元，占专项转移支付总额的57.6%；2016年投入最多的是农林水、住房保障、社会保障和就业，共计633.5亿元，占专项转移支付总额的60.7%。专项转移支付正向基本民生等领域倾斜，为改善人民生活、帮助贫困地区脱贫致富等起到了重

要的作用。具体如表 3－1 所示。

表 3－1　　2014—2016 年中央对湖南省专项转移支付　　单位：万元

| 科目名称 | 2014 年 | 2015 年 | 2016 年 |
|---|---|---|---|
| 合计 | 9265723 | 10884002 | 10429763 |
| 一般公共服务支出 | 50229 | 46242 | 44610 |
| 国防支出 | 9350 | 8690 | 8296 |
| 公共安全支出 | 100127 | 92181 | 108924 |
| 教育支出 | 624085 | 877869 | 857681 |
| 科学技术支出 | 25786 | 23976 | 14581 |
| 文化体育与传媒支出 | 135868 | 142961 | 151069 |
| 社会保障和就业支出 | 965282 | 1616959 | 1803176 |
| 医疗卫生与计划生育支出 | 581495 | 667937 | 755850 |
| 节能环保支出 | 813922 | 784218 | 887601 |
| 城乡社区支出 | 1200 | 22651 | 6685 |
| 农林水支出 | 2746232 | 2734540 | 2546936 |
| 交通运输支出 | 1149366 | 1452158 | 705695 |
| 资源勘探信息等支出 | 186748 | 208103 | 115063 |
| 商业服务业等支出 | 161817 | 110352 | 100351 |
| 国土海洋气象等支出 | 85543 | 81640 | 60860 |
| 住房保障支出 | 1437899 | 1870603 | 1985129 |
| 粮油物资储备支出 | 190624 | 141552 | 274266 |
| 其他支出 | 150 | 1370 | 2990 |

### （二）省对市县专项转移支付现状：以湖南省为例

从专项转移支付的总体规模来看，2012—2016 年湖南省对市县的专项转移支付从 1063.7 亿元增加到了 1276.3 亿元，年均增长 4.7%。从湖南省转移支付的结构来看，2012—2016 年专项转移支付与一般性转移支付的比例依次是 51.0∶49.0、41.8∶58.2、44.1∶55.9、46.2∶53.8、42.0∶58.0，专项转移支付的比重在逐步下降，表明湖南省转移支付结构在逐步优化。从增长趋势上来看，一般性转移支付呈现直线上升，尤其是 2016 年一般性转移支付较 2015 年增长了近 14.5%，而 2016 年专项转移支付出现负增长，两者间的比例关系将越趋合理（见图 3－1）。专项转移支付的结构也更加优化。以 2015 年为例，农林水专项转移支付占总专项转移支付的 26.1%，住房保障专项占 17.1%，交通运输占 11.6%，社会保障与就业占 9.3%，节能环保占 8.1%，五项支出占据专项转移支付总额的 72.2%，这说明民生领域是湖南财政的投入重点。

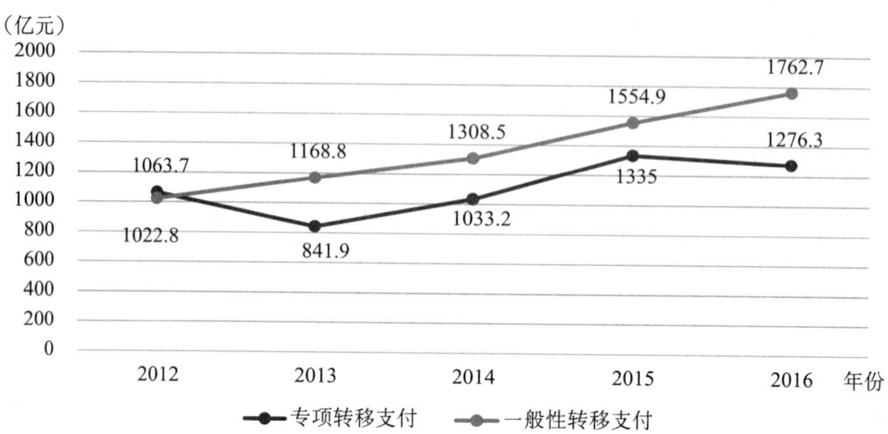


**图 3-1 2012—2016 年湖南省对市县转移支付变化图**

## （三）专项转移支付存在的主要问题

1. 专项项目“散、乱、杂、小”现象仍然存在。例如 2015 年 1—12 月，湖南省某县获得专项转移支付 1410 个项目，其中 10 万元以下的项目达到 405 个，占比近 30%；10 万—50 万元之间的项目有 380 个，占比近 27%。针对专项转移支付资金小而散的现状，中央和省级政府也提出了要对分散的专项资金进行整合，但由于专项资金分散，又大多有具体用途，加上分属不同的部门单位，使得市县统筹难度大。

2. 专项转移支付规模偏大限制了地方自主权。如 2015 年，中央对地方转移支付 50078.65 亿元，专项转移支付为 21623.63 亿元，占比 43%，比上年上升了 2 个百分点，且在一般性转移支付中有 1.35 万亿元限定了用途，也就是说有指定用途的转移支付实际上占到了中央转移支付比重的 70%。这意味着地方拿到中央补助资金仅有 30% 的部分可由地方自由支配，其余资金必须按照规定用途来使用，极大地影响了地方自主财力的发挥，也不利于地方政府提供符合当地实际的公共服务。

3. 专项转移支付资金存在交叉重复投入现象。如农田基本建设，某县就有 4 个单位的项目涉及了基本农田的治理，包括国土部门的“农村土地整治项目”、农业部门的“粮食生产能力规划项目”、水利部门的“规模化节水灌溉增效示范项目”、农开部门的“农业综合开发项目”，这些项目实质上都是对农田进行治理，但由于各个单位在申报时不能集中统一，资金分散，且经常造成重复建设，使得资金的使用效果大打折扣，未能最大限度地发挥资金的效益，也违背了这些专项设立的初衷。

4. 资金分配、管理、绩效评估有待优化。以某市为例，2016 年上级政府拨付给市本级及辖区专项转移支付资金 46.82 亿元，仅下达指标文件就有 811 个，有的专项转移支付文件还包含了多个专项转移项目，使得全面完成绩效评价变得不可能，造成专项转移支付项目管理难度大，绩效评价目标难以核实。同时由于缺乏规范的监管与评价的奖惩机制，导致即使在建立完善的评价机制后，也无法对下一年度的专项资金进行联动调整以对未严格执行规定的部门进行严厉的惩罚，专项资金使用过程中的违法违规成本较低，专项资金的监管工作成为整个专项转移支付管理制度中的软肋。

## 三、专项转移支付的国际经验及启示

目前，各国实行的专项转移支付制度主要有补助金模式、财政均等化模式、税收返还模式、混合补助模式四种类型。

### （一）以美国为代表的补助金模式

美国政府间的专项拨款是一种政策性补助，占转移支付总额约 80%。主要适用于医疗卫生、社会保障、教育、交通、住宅、能源等方面，而农业、环保、地区发展等领域在专项拨款中占的比重较小。美国的专项拨款分为公式专项拨款、项目专项拨款（见表 3－2）。

**表 3－2　　美国专项拨款分类**

| 类别 | 特　征 |
| --- | --- |
| 公式专项拨款 | 一种自动拨款机制，形式较为简单。联邦政府规定了专项拨款的最高限额和最低限额，从而保证拨款接收方获得的补助在可控范围之内，避免较剧烈的波动 |
| 项目专项拨款 | 1. 项目种类繁多，程序复杂<br>2. 要求拨款接收方拿出配套资金，分担一部分项目费用，实现上下级政府的通力合作。受补助者需提出申请，呈交项目设计方案，由政府或国会评选、审批资金分配方案，明确拨款接收方在该项目上的开支权限。配套资金可以采取现金或实物的形式<br>3. 为遏制地区间财政不平衡现象，设定区别对待的配套资金比例。财力发达的州和地方需提供较高比例的配套资金 |

### （二）以加拿大为代表的财政均等化模式

加拿大的财政专项转移支付主要是通过联邦对省的社会转移支付系统来实现的，社会转移支付系统兼具专项拨款功能，主要包括均等化的人均转移支付、用来支持省政府在健康福利和高中教育等方面的支出。这类转移支付分为健康转移支付和社会转移支付（见表3－3）。此外，联邦政府对省政府还有一些小额的带特定目的的专项转移支付，这些转移支付门槛往往较高或要求省政府提供配套资金。

表3－3　　加拿大联邦对省的社会转移支付体系分类

| 类别 | 特　征 |
| --- | --- |
| 健康转移支付（带有专项性质） | 联邦政府对省级政府最大的转移支付项目，任务是为了遵照加拿大健康法的要求，给医疗保健长期预算筹资，标准基于人均平等的基础上 |
| 社会转移支付 | 主要用来支持省级政府高等教育、社会救助和社会服务、早期儿童发展和儿童健康等公共项目开支 |

### （三）以日本为代表的税收返还模式

日本中央对地方财政转移支付主要有以下三类：地方交付税、国库支出金、地方让与税（见表3－4），中央与地方政府之间转移支付主要以税收返还为主，是一种典型的税收返还模式。而国库支出金类似于我国的专项转移支付。国库支出金的用途由中央指定，地方没有自由裁量权，资金的使用要受主管部门监督、指导，也要受中央会计检查院的审计，一旦发现挪用，中央可以收回资金或进行其他处罚。

表3－4　　日本财政转移支付分类

| 类别 | 特　征 |
| --- | --- |
| 地方交付税 | 一般性转移支付，主要用于均衡各地区的财力，以及稳定地方财政收入来源，由地方自治体自行决定，中央政府不得对交付税的用途附加条件 |
| 国库支出金 | 相当于我国的专项转移支付，是日本财政转移支付制度的主要形式，占比约40% |
| 地方让与税 | 相当于我国的税收返还，包括普通交付税和特别交付税 |

### （四）以俄罗斯为代表的混合补助模式

俄罗斯预算中转移支付概念是在2004年的预算法典中提出的，在这之前被称为“对联邦主体的财政支持基金的资金”，向联邦主体划拨的所有资金统称为财政帮助款。按照预算法典，俄罗斯转移支付 2004 年后包括四类（见表 3－5）。

表 3－5 俄罗斯财政转移支付分类

| 类别 | 特 征 |
|---|---|
| 补助金 | 非定向转移支付，即上级预算向下级预算转移的资金不附带任何条件，只用于保障下级预算平衡。主体人均税收水平低于联邦人均水平时有权从中央预算获得补助金 |
| 补偿金（相当于我国的专项转移支付） | 定向转移支付，定向用途多达 20 多个，用于与下级预算约定方向或项目的支付，且主要用于补偿地方代中央政府履行社会义务所需要的支出。每个主体都会得到补偿金，不取决于其预算收入情况 |
| 资助金（相当于我国的专项转移支付） | 用于中央与地方拥有共同事权的事项，地方政府只能用于既定支出目的，且必须从自己的预算中筹措与之配套资金 |
| 其他类 | 既不属于补偿金也不属于资助金的转移支付 |

### （五）国外专项转移支付的启示

1. 注重专项转移支付制度的规范化和法制化。从国外专项转移支付实践来看，各国政府都非常注重专项转移支付制度管理的规范化和法制化，避免专项转移支付在分配、管理上的盲目性和随意性，以实现专项转移支付制度积极效应的最大化。而我国专项转移支付中存在的管理“漏洞”，在很大程度上就是由于专项转移支付制度的不规范、不透明导致的。因此，规范化和法制化是我国当前完善专项转移支付制度亟须开展的一项工作。

2. 注重专项转移支付的投向。从专项资金的主要使用领域来看，美国、加拿大、日本的专项资金主要运用于跨区域性防洪、环境保护、医疗、教育、社会保障等公共领域，特别是医疗和教育领域占比最大，这与其各自的生产力、平衡的地区经济发展水平相适应。因此，根据以上国家专项资金使用范围的经验，应因地制宜，实事求是，按照具体国情来安排专项资金的使用。

3. 注重专项转移支付项目和资金的大类管理。美国在专项资金上的改革效果特别明显，且方式独特，即将同一领域内过于繁杂零碎的专项拨款加以整合，简化项目种类，进行大类化管理，大大提高了专项转移支付的运行效率，赋予州和地方更大的自主权力，改变了其原有的以专项拨款为主的转移支付模式，由此形成了美国由专项拨款和分类拨款构成、有条件拨款为主导的两者规模相当的分配格局。这为我国专项资金的清理、整合工作以及创新提供了参考和借鉴。

4. 注重专项转移支付制度的弹性和灵活性。各国的专项转移支付制度都会随着社会经济的发展和宏观经济调控政策的调整而发生改变，其制度本身的结构和财政拨款的重点等也相应地发生变化。我国也有必要适时地调整专项转移支付制度，这样不仅会使财政拨款更加贴近实际需要，而且能为增强中央政府宏观调控的弹性和力度、保持合理的中央财政支出结构创造必要的条件。

## 四、建立科学高效的专项转移支付体系的对策分析

### （一）构建专项转移支付的法律体系

1. 完善专项转移支付的宏观法律法规。目前我国有关政府间转移支付方面内容的法律规范散见于《预算法》、《审计法》、《中央对地方专项转移支付管理办法》、《国务院关于改革和完善中央对地方转移支付制度的意见》等法律、法规以及规章之中，尤其是行政规章是我国目前规范专项转移支付制度的最主要的依据，其主观性和随意性较强，极大地影响了专项转移支付制度的科学性和高效性。因此，必须加快完善转移支付制度相关的法律法规，条件成熟时，出台“中华人民共和国财政转移支付法”，通过法律法规将各级政府的事权与支出责任划分，对专项转移支付基本制度、相关程序、资金来源及规模、设立与退出条件、分配标准、监管办法等内容予以明确。

2. 完善各类具体专项转移支付的微观管理制度。由于各专项转移支付项目在目标界定、项目申请条件、管理制度等方面也都存在差异，意图凭借一部立法对所有专项转移支付进行事无巨细的规范是不具有可操作性的。因此，应完善各项专项转移支付管理办法，实行一个大类专项资金一个管理办法，明确各大类专项转移支付的政策目标、部门职责分工、资金用途、补助对象、分配方法、资金申报条件、资金申报、审批和下达程序、实施期限、绩效管理、监督检查等内容，做到政策目标明确、分配主体统一、分配办法一致、审批程序严格、资金投向协调。

### （二）改革专项转移支付的进退机制

1. 专项转移支付项目的设置。一是明确设置依据。在明确各级政府间财政事权与支出责任的基础上，合理设置专项转移支付。属于中央事权的，主要通过中央本级支出承担支出责任，少量通过专项转移支付委托地方承担支出责任。属于中央和地方共担事权的，由中央和地方共同分担支出责任，中央分担部分通过专项转移支付承担。属于地方事权的，由地方承担支出责任，中央主要通过一般性转移支付给予支持，少量引导类、救济类、应急类事务通过专项转移支付予以支持，实现特定政策目标。二是明确设置条件。设立专项转移支付应当同时符合以下条件：有明确的法律、行政法规或者国务院规定作为依据；有明确的绩效目标、资金需求、资金用途、主管部门和职责分工；有明确的实施期限，且实施期限一般不超过5年，拟长期实施的委托类和共担类专项除外；不属于市场竞争机制能够有效调节的事项。三是明确设置权限。设立专项转移支付，应当由中央主管部门或者省级政府部门向财政部或省财政厅提出申请，由财政部或省财政厅审核后报国务院或省级人民政府批准；或者由财政部或省财政厅直接提出申请，报国务院或省级人民政府批准。列入中央本级支出的项目，执行中改由地方组织实施需新设专项转移支付项目的应当符合上述设立条件。四是明确动态设置。建立专项转移支付定期评估机制，动态调整专项转移支付的设置内容。评估重点事项主要包括：是否符合法律、行政法规和国务院有关规定；政策是否到期或者调整；绩效目标是否已经实现或需要调整、取消；资金用途是否合理，是否用于市场竞争机制能够有效调节的领域；是否按要求制定资金管理办法。

2. 专项转移支付项目的退出。一是自动退出。专项转移支付到期后应自动终止。若确需延续的，重新评估论证后按新设专项程序报批。二是不合条件退出。取消符合下列条件的专项转移支付：不符合法律、行政法规和国务院有关规定的；因政策到期、政策调整、客观条件发生变化等已无必要继续实施的；市场竞争机制能够有效调节的；可由市场竞争机制逐步调节的，规定一定实施期限实行退坡政策后到期的。三是调整退出。将绩效目标已经实现、绩效低下、绩效目标发生变动或者实际绩效与目标差距较大的，予以取消或者调整；委托类专项具备由中央直接实施条件的，调整列入中央本级支出；属于地方事权的专项转移支付，可以列入一般性转移支付由地方统筹安排的，适时调整列入一般性转移支付。四是整合退出。整合政策目标接近、资金投入方向类同、资金管理方式相近的专项转移支付，集中财力办大事，不得按照部门内设机构切块分配，不得固化专项资金使用方向和金额。

**（三）优化专项转移支付的运行体系**

1. 优化预算管理机制。一是优化预算规模。从理论与现实情况来看，无论是出于不同区域基本公共服务均等化，还是从我国经济增长需要来看，都应在增加专项转移支付规模的同时，持续降低专项转移支付占转移支付总额的比重。二是优化预算编制。专项转移支付预算应当分地区、分项目编制，并遵循统筹兼顾、量力而行、保障重点、讲求绩效的原则。三是优化预算下达。中央对地方一般性转移支付在全国人大批准预算后 30 日内下达，专项转移支付在 90 日内下达。省级政府接到中央转移支付后，应在 30 日内正式下达到本行政区域县级以上各级政府。基层政府财政部门接到专项转移支付后，应当及时分解下达资金。

2. 优化资金分配机制。一是分配主体。严格选定资金分配主体，财政部应当会同中央主管部门及时开展项目审核，按程序提出中央对地方专项转移支付资金分配方案。各省财政厅会同省级主管部门按程序提出省对市县专项转移支付资金分配方案。任何社会团体、行业协会、企事业单位等非行政机关不得负责资金分配。二是分配方法。专项转移支付资金分配可以采取因素法、项目法、因素法与项目法相结合等方法。中央向省级分配专项转移支付资金应当以因素法为主，涉及国家重大工程、跨地区跨流域的投资项目以及外部性强的重点项目除外。对具有地域管理信息优势的项目，主要采取因素法分配。对关系群众切身利益的专项，可改变行政性分配方式，逐步推动建立政府引导、社会组织评价、群众参与的分配机制。三是取消资金配套。除按照相关规定应当由中央和地方共同承担的事项以及地方政府之间共同承担的事项外，中央以及省级政府在安排专项转移支付时，不得要求下级政府承担配套资金。属于共同承担类事项的，要依据公益性、外部性等因素明确各级政府的分担标准或比例。在此基础上，根据各地财政状况，同一专项对不同地区可采取有区别的分担比例，但不同专项对同一地区的分担比例应逐步统一规范。

3. 优化资金使用机制。一是按规使用。专项转移支付在使用时应当按照下达预算的科目和项目执行，不得截留、挤占、挪用或擅自调整。二是整合使用。地方政府财政部门可以在不改变资金类级科目用途的基础上，结合本级资金安排情况，加大整合力度，将支持方向相同、扶持领域相关的进行整合。三是及时拨付。预算单位应当加快项目实施，及时拨付资金。对未按规定及时分配下达或者闲置沉淀的专项转移支付，财政部门可以采取调整用途、收回资金等方式统筹用于经济社会发展急需资金支持的领域。

**（四）强化专项转移支付的监管体系**

1. 强化信息公开机制。一是预算公开。各级政府安排的转移支付预算目录应在人大批准后 20 日内由财政部门向社会全面公开。将农林水、教育、医疗卫生与计生、社保与就业、住房保障等所有重大民生政策性资金的预算分配结果向社会公开。资金最终使用的基层政府要将支出的项目、政策、资金来源、发放形式、分配结果等通过简易便民的方式公开。二是目标公开。各级政府财政部门和主管部门应当加强专项转移支付绩效目标管理，逐步推动专项转移支付绩效目标信息公开，以方便接受社会公众监督。三是过程公开。各级政府部门的重大产业类、公共基础设施类的专项转移支付项目资金，都要实行管理办法、申报流程、评审结果、分配结果和绩效评价的全过程公开。四是结果公开。按照事先公开的专项转移支付的绩效目标有效地开展绩效评价，提高绩效评价结果的可信度，并将绩效评价结果同预算安排有机结合，逐步创造条件向社会公开绩效评价结果。

2. 强化绩效评价机制。一是评价指标。健全专项转移支付绩效评价指标体系，根据转移支付项目的分类、用途、资金性质和特点，客观、公平、合理地建立绩效考核评价标准，做到定量和定性方法相结合，建立健全第三方评价机制。二是评价内容。对专项转移支付项目的实施结果是否与预先设定的绩效目标相一致，按照预算提交的具体、明确、细化、量化的绩效指标予以评价。评价重点由项目支出拓展到部门整体支出和政策、制度、管理等方面。三是评价反馈。强化绩效评价结果反馈整改及绩效报告机制，及时将绩效评价中发现的问题和意见建议反馈给资金主管部门和项目单位，提出明确的整改要求和时限，并对问题较多或较严重的部门进行约谈。四是结果运用。加强绩效评价结果与预算安排有机结合机制，年度绩效评价结果与下年度专项资金预算安排直接挂钩，三年整体绩效评价结果与专项资金存设直接挂钩。适时将专项资金绩效评价结果列入政府绩效评估考核指标。

3. 强化监督检验机制。一是依法监督。完善《中央与地方政府财政监督条例》，注重源头监管与全程监控相结合、预警防治和处理处罚相结合，把财政监督嵌入财政预算管理事前、事中、事后全过程，全面构建预算编制同步监督、预算执行动态监控、资金使用跟踪问效和监督成果综合运用长效机制。二是过程监督。围绕项目绩效目标，适时监控绩效目标实现程度和项目实施情况，及时掌握绩效运行情况、资金支出进度等，对无法实施和难以达到预期目标的项目，及时予以取消或调整，并收回财政资金。三是全方位监督。将财政、人大、审计、司法和社会监督等各种监督资源有机整合，以外促内，实现专项转移支付资金分配和使用中合规性、安全性、效率性的统一。四是监督追责。建立健全专项转移支付监督追责机制，对监督中发现的问题，应当及时制定整改措施并落实。对被骗取的专项转移支付资金，由相关财政部门收回，并加大对套取、挤占、挪用专项资金的项目实施单位的惩处力度，严格责任追究，确保资金安全规范有效使用。

### （五）强化专项转移支付的保障体系

1. 强化行政体制改革。一是调整和优化政府机构设置，理顺部门职责关系。重点是积极启动并稳步推进大部门制改革，并明确各部门权责范围和职能重点，避免交叉重叠。二是严格编制管理，严格控制财政供养人口。三是改革和完善政绩考核制度。完善考核的指标体系，将环保、科技、社保、人民健康等因素纳入指标体系并逐步增加权重，引导干部树立正确的政绩观。

2. 强化专项转移支付改革的组织领导。专项转移支付改革涉及面广、政策性强、利益调整大，中央与各省份、各个部门应高度重视，加强组织领导，构建跨部门的专项转移支付改革的领导机构、执行实施机构，以确保相关改革工作顺利推进。

# 第四分报告　建立科学高效的专项转移支付体系研究

广西预算会计研究会

党的十八届三中全会对规范财政专项转移支付进行了全面部署，党的十九大又进一步提出“建立权责清晰、财力协调、区域均衡的中央和地方财政关系”。按照党中央、国务院的要求，广西对专项转移支付进行了清理、整合、规范，研究制定了管理办法，完善了相关配套制度，初步建立了专项转移支付管理体系，取得了显著的成效。但专项转移支付与财政事权与支出责任划分改革、政府与市场的关系、部门利益等息息相关，当前还存在项目过多、规模过大、监管过松、效益过低等问题。如何建立科学高效的转移支付体系仍是财政工作面临的一大难题。

## 一、当前广西专项转移支付体系建设现状

### （一）建立专项转移支付科学分类机制，专项转移支付管理制度逐步健全

2016 年 6 月，广西壮族自治区人民政府办公厅印发《关于转发财政厅关于广西对市县专项转移支付管理办法的通知》（桂政办发〔2016〕66 号），按照事权和支出责任划分，将专项转移支付分为委托类、共担类、引导类、救济类和应急类等五类，并对每类专项转移支付进行了界定，要求专项转移支付预算应当分地区、分项目编制，并遵循统筹兼顾、量力而行、保障重点、讲求绩效的原则。同时，还明确了不同专项转移支付预算编制要求，对属于委托类专项的，足额安排预算，不得要求市县安排配套资金。属于共担类专项的，应当依据公益性、外部性等因素明确分担标准或者比例，由自治区和市县按各自应分担数额安排资金。根据各地财政状况，同一专项转移支

付对不同市县可以采取有区别的分担比例，但不同专项转移支付对同一市县的分担比例应当逐步统一规范。严格控制引导类、救济类、应急类专项转移支付的规模。

**（二）建立了专项转移支付动态调整机制，专项转移支付管理秩序逐步规范**

为避免专项转移支付长期安排后固化财政支出结构，肢解财政预算，广西建立了专项转移支付设立、评估和调整退出机制。设立专项转移支付，应当提出政策依据、绩效目标和可行性研究报告，由主管部门向财政厅提出申请，财政厅审核后会同主管部门报自治区人民政府批准。建立健全专项转移支付定期评估机制，财政厅每年编制年度预算前，从是否符合规定、政策是否到期、绩效目标是否实现、资金用途是否合理、是否执行资金管理办法等五个方面对专项转移支付进行重点评估。根据专项转移支付评估结果，相应分别采取取消、调整和整合等方式对专项转移支付进行分类处理。2015 年对市县的专项转移支付从 363 项清理调整到 119 项，2016 年继续压减到 96 项，2017 年清理调整到 94 项，2018 年压减到 52 项。

**（三）建立专项转移支付协同管理机制，专项转移支付监督管理逐步加强**

广西建立了财政部门、主管部门协同管理专项转移支付的机制，在分配、下达、执行、监督、绩效方面进一步厘清了部门之间对专项转移支付管理的责任和权力。如在分配环节，主管部门要在每年 10 月 20 日前研究提出资金分配方案，需要报自治区人民政府审批的，要求在每年 10 月 15 日前研究提出资金分配方案。在下达环节，财政厅会同主管部门在自治区人大审查批准自治区本级预算后 60 日内印发下达专项转移支付预算文件。在绩效管理方面，主管部门要编制绩效目标，实施绩效监控，开展绩效评价等。协同管理的机制进一步明晰了责任，形成了对专项转移支付管理的合力。

**（四）建立专项转移支付监督检查机制，专项转移支付使用绩效逐步提高**

为提高专项转移支付的使用效益，广西建立了多部门共同参与的专项转移支付监督检查机制。财政厅负责专项转移支付检查和日常监管，并对违法违规行为及时予以纠正。自治区主管部门加强对本部门负责提出分配、使用方案的专项转移支付资金使用的监督检查。审计厅依法对专项转移支付管理部门和使用单位实施专项审计。监察厅依法进行行政监督。审计、财政、检查部门还建立了信息共享和协作配合机制，保障资金安全运行。

### （五）建立专项转移支付信息公开机制，专项转移支付预算公开程度逐步增强

按照预算法要求，从 2015 年开始，广西每年年初将清理整合后的专项转移支付分项目分地区预算安排情况列入年初预算草案。广西人大审查批准年初预算草案后与预算草案一并向社会公开。同时，执行过程中，专项转移支付的资金管理办法、分配结果等一并在财政资金信息公开统一平台上向社会公开，初步建立了覆盖预算安排和资金分配结果的专项转移支付信息公开机制。

## 二、当前广西专项转移支付体系建设存在的问题

### （一）专项转移支付占比仍较高

近年来，虽然广西不断完善一般性转移支付的增长机制，逐步扩大一般性转移支付的规模和比重，对市县的一般性转移支付从 2010 年的 382.37 亿元增加到 2017 年的 1302.07 亿元，占整个转移支付的比重从 44.4% 提高到 60.1%，但专项转移支付的占比仍然较高。2017 年，对市县的专项转移支付仍然达到 863.73 亿元，占整个转移支付的 39.9%。这与广西壮族自治区人民政府《关于印发广西深化财税体制改革方案的通知》（桂政发〔2015〕20 号）中“逐步将一般性转移支付的比重提高到 70%”还存在较大的差距。要在 2020 年实现这一目标，必须进一步提高一般性转移支付的增速，或者进一步压缩专项转移支付的规模和比重。无论采取哪种途径，都面临较大的困难（见表 4－1）。

**表 4－1　　2010—2017 年广西对市县转移支付情况表**　　单位：亿元

| 年份 | 对下转移支付 | 其中： | | | |
|---|---|---|---|---|---|
| | | 一般性转移支付 | 占比（%） | 专项转移支付 | 占比（%） |
| 2010 | 861.51 | 382.37 | 44.4 | 479.14 | 55.6 |
| 2011 | 1132.96 | 521.65 | 46.0 | 611.31 | 54.0 |
| 2012 | 1400.81 | 717.73 | 51.2 | 683.08 | 48.8 |
| 2013 | 1421.83 | 799.55 | 56.2 | 622.28 | 43.8 |

续表

| 年份 | 对下转移支付 | 其中： | | | |
| --- | --- | --- | --- | --- | --- |
| | | 一般性转移支付 | 占比（%） | 专项转移支付 | 占比（%） |
| 2014 | 1549.38 | 863.99 | 55.8 | 685.39 | 44.2 |
| 2015 | 1871.59 | 1084.38 | 57.9 | 787.21 | 42.1 |
| 2016 | 1996.33 | 1190.69 | 59.6 | 805.64 | 40.4 |
| 2017 | 2165.8 | 1302.07 | 60.1 | 863.73 | 39.9 |

### （二）专项转移支付分配不透明

广西在对市县专项转移支付管理办法中明确要求专项转移支付分配以因素法为主，但在实际分配过程中，除了与人口挂钩的资金以外，其他大部分资金都采取项目分配法，分配的主观随意性较大，分配过程的公开、透明度仍有待提高。近年来，广西各级纪检监察机关查处了多起涉及专项转移支付的腐败案件，反映了资金分配过程中随意性较大、权力寻租等问题仍很突出。

### （三）专项转移支付绩效目标不明确

广西对市县专项转移支付明确提出了预算绩效目标，对绩效目标的设定、审核、下达、调整及应用提出了全程要求。但在实际操作过程中，存在问题较多。一是项目过于分散，难以设定绩效目标。部分转移支付资金几百万元规模，分配到市县，一些市县仅得到几万元，根本难以提出符合实际的绩效目标。二是资金使用多元化，难以确定绩效目标。实施项目的资金投入多元化，既有转移支付资金，也有本级财力，甚至还有市场化的投入资金，这就难以确定转移支付资金的绩效。三是一次性投入，绩效流于形式。专项转移支付实施的项目大多数都是一次性的，不同于一般性转移支付连续性的投入，预算绩效目标具有长期性、连续性等特点，专项转移支付的目标设定多流于形式，实际操作意义不强。

### （四）专项转移支付执行难到位

专项转移支付执行慢、执行难是一直存在的一个“老大难”问题。一是执行慢。项目多头管理，审批环节过多，链条冗长，比如基建类的项目要经过立项、可研、设计、环评、投资评审、政府采购、征地拆迁，一套流程走下来，需要大半年时间，留给项目实施的时间就不多。二是执行难。上下级之间信息不对称，上级要求做的，下级积极性不高。还有就是计划赶不上变化，项目实施的具体条件发生了变化，项目计划与实际相脱节。部分市县先申报项目，待转移支付资金下达后，再去找具体项目实施，如果找不到合适的项目，转移支付资金就难以执行。三是统筹难。专项转移支付实行“专款专用”，尽管近年来广西也对专项转移支付统筹使用有了明确规定，但主管部门会以市县统筹为由减少第二年对市县的资金分配，导致市县不敢统筹。四是挤占多。上级专项转移支付与本级财力、一般性转移支付同在一个金库，专项转移支付难支出，但其他支出容易执行，各地就普遍挤占专项转移支付。待项目具备实施的条件时，专项转移支付资金已经被挪作它用了。

### （五）专项转移支付监管不力

运转不透明，职责划分不清，没有建立起一套行之有效的监督和问责机制。一是审计难以全覆盖。专项转移支付项目庞杂，即使是大额的专项转移支付，分配到市县后，每个项目规模也不大，难以进行全面审计，更不能形成常态化、普及化的监督规模。二是监管职能分散。目前审计、财政、主管部门都对专项转移支付负有一定的监管职责，但职能重叠，加之部门间信息封闭，监管能力难以整合形成合力，部分专项转移支付存在监管真空。三是监管手段单一。目前对专项转移支付的监管，主要是事后检查，许多是问题暴露以后才组织检查，缺乏事前和事中的有效监管。

## 三、当前广西专项转移支付存在问题的原因

### （一）事权划分不清晰

财权是各级政府所享有的组织财政收入、安排财政支出的权力。事权是指各级政府基于其自身的地位和职能所享有的提供公共物品、管理公共事务的权力。只有财权和事权在各级政府之间得到明确的划分，才能正确进行上下级政府之间的转移支付。但截至当前，各级政府事权和财权范围不明晰。中央、省、省以下政府之间经常会存在事权不清、交叉重叠的现象。一些应该由上级政府承担的项目常由下级政府执行，一些应该由下级政府承担的项目也常由上级政府代替。虽然当前设置了委托类、共担类、引导类、救济类和应急类等五类转移支付，但并没有明确哪些是委托类事权、哪些是共担类事权。由于财权与事权不统一，专项转移支付的依据不明确，导致转移支付

的责任不清，上下级政府之间博弈，使政府间财政体制处于不稳定状况。

**（二）法律制度不完备**

当前，专项转移支付依赖部门规章、临时通知来规范管理。但这些规章、办法缺乏法律的权威性、系统性和持续性，主观性强、随意性强、规范性弱，使得财政转移支付缺乏标准的尺度。一方面，各级政府之间是否进行转移支付以及转移支付的对象、金额、方式等都没有具体的规定，只是依照预算法等相关法律作出主观判断，缺乏具体依据。另一方面，各部门大量要求设置专项转移支付，设置目标并不明确，哪些该设，该设多少，缺少明确的标准和规定，主观随意性较大，有的在相当程度上取决于主管部门与财政部门的博弈。

**（三）部门利益难打破**

各主管部门都希望并要求设立专项转移支付，主要原因在于便于本部门开展工作。部门制定的规划、规章和措施能够在下级政府得到贯彻落实，专项转移支付能提供资金保障。如果仅仅出台政策，而没有资金配套，下级政府就以“没钱”为由拒绝落实相关政策。同时，掌握专项转移支付分配权，且分配缺乏制度约束和安排，充满弹性，可以催生下级部门“跑部钱进”，体现本部门的“工作权威”，甚至为“暗箱操作”、设租、寻租等违法违规行为留下机会。各部门从本位主义出发，普遍要求设立专项转移支付、保留专项转移支付、增加专项转移支付规模，为清理整合规范专项转移支付管理带来较大的障碍。

**（四）监督机制不健全**

缺乏有效的监督体制，是造成专项转移支付效益低下的重要原因。目前，广西虽然对专项转移支付进行了清理整合，但绝大多数都是小项并大项，表面上大项减少了，但实际上各部门各领域的专项都还在，项目庞杂、规模不减，全程监督难以开展。多个部门各管一段，没有形成各司其职、共同监督的体系和格局，没有建立完善的监督机制。这就造成了专项转移支付过程的欠规范和转移支付资金的低效率、不合理使用，导致了一些地方挪用、截留财政转移支付资金，或者将部分财政转移支付资金中饱私囊、进行贪污。

## 四、建立科学高效专项转移支付体系的思路及对策

建立科学高效的专项转移支付体系，是一个系统的工程，必须以提高预算绩效为中心，以理顺政府和市场的关系为根本，以合理划分事权和财权为前提，以控制专项转移支付的类别、规模和比重为重点，以法制建设为基础，以提高透明度为保障，以加强监管为关键，以统筹使用为热点，综合施策，形成合力，全面提高专项转移支付管理水平和使用效益。

### （一）紧紧围绕一个中心

专项转移支付必须以充分发挥资金使用效益为中心。无论是哪个级次政府设立的专项转移支付资金，都要实施预算绩效管理，并将绩效评价结果作为专项转移支付调整、取消、延续及完善财政政策、预算安排和分配的参考因素。绩效考核应由注重专项资金投入转向资金使用效果，切实改变专项转移支付“重争取、轻管理；重分配，轻绩效；重支出，轻责任”的现状。要加强对专项转移支付项目的经济性、实施效率和实施效果进行绩效评价，把项目绩效水平和群众满意度作为安排下一年度转移支付的依据，及时落实绩效考核的激励、约束机制和责任追究机制，确保专项用途，实现上级政府政策意图。

### （二）正确处理两种关系

1. 明晰政府和市场的界限是根本。党的十九大明确提出“使市场在资源配置中起决定性作用，更好发挥政府作用”的要求，这就要求专项转移支付必须适应这一要求。一是使市场在资源配置中起决定性作用。凡是能够由市场解决的，鼓励企业商业化经营，政府就不再干预。对于竞争性领域的专项转移支付，特别是对企业的无偿投入，政府干预过多，资金使用效益低下，不利于市场公平竞争，容易诱发腐败等问题，建议取消或逐步取消，可以用税收优惠这种普惠性的政策替代，或则通过政府投资引导基金等市场化方式予以解决。二是更好发挥政府作用。凡是市场不能解决的，政府应当主动补位，该管的要坚决管、管到位、管出水平，避免出问题。对于基本民生领域的专项转移支付，比如扶贫、教育、社保，建议上级政府要根据财力情况，通过专项转移支付及时给予保障。

2. 明确各级政府间的事权和财权是前提。在我国的财政体制中，事权决

定财权，只有规范事权，并以法律的形式予以确定，才能合理合法地促进财权划分。明确事权要从制度层面分析各级政府的职能，以公共产品的有效供给为准则，用法律形式合理界定中央政府和地方政府的事权范围，使之内涵清晰、责任明确。建议中央加快推进事权划分改革，厘清各级政府的事权，并重新调整中央和地方政府的支出结构，对原来由中央政府委托地方政府代管的事权支出上划中央本级支出；对应由地方政府支出事权，中央政府不再安排专项转移支付。在这个基础上按兼顾公平与效率原则划分财权，为建立规范的专项转移支付制度创造条件。省级以下也应该科学合理划分各级政府的财权和事权，达到两者的平衡。

**（三）切实抓住三个关键**

1. 控制专项转移支付项目的设置是重点。要解决专项转移支付资金项目庞杂、内容交叉、使用分散等问题，确保资金的使用效益和国家相关政策目标的实现，必须严格按照国家政策意图和事权划分原则清理和压缩现有的专项转移支付。一是严控新设专项转移支付。高度集中专项转移支付设立的审批权，只有符合专项转移支付管理办法、有明确的法律法规才能设置，否则不应该新设专项转移支付项目。二是保持专项转移支付总量平衡。保持专项转移支付项数总量动态平衡，坚持“只减不增”或实行“进一退一”的原则，清理项目存量，严控项目增量。三是统筹财力保障上级政策落实。对上级党委、政府确定的战略、规划，下级政府必须统筹财力予以保障并纳入中期财政规划，不能以没有专项资金为借口拒绝落实或敷衍塞责。

2. 控制专项转移支付的规模是核心。《国务院关于改革和完善中央对地方转移支付制度的意见》明确要求“建立一般性转移支付稳定增长机制”，要“确保均衡性转移支付增幅高于转移支付的总体增幅”，这就需要严格控制专项转移支付的规模。一是合。要进一步加大专项转移支付项目清理整合力度，改变当前“小项并大项”、“表合里不合”的现状，真正把性质相同、投入相近的专项转移支付予以合并，避免重复投入、低效浪费的问题，充分发挥财政资金的规模效益。二是减。当前，取消某一项专项转移支付会引起部门的反弹和反对，会把矛盾集中到财政部门，应采取逐步减少的方式，如按照一定的比例逐年实施退坡管理。把减少的专项转移支付增加到一般性转移支付。三是转。将用于基本民生的专项转移支付转到一般性转移支付中，通过一般性转移支付下达，特别是按照人口为唯一标准或主要标准分配的专项转移支付，转到一般性转移支付更能发挥作用。

3. 控制专项转移支付的比重是焦点。越往基层，越贴近民生，承担的社会事务越多，财政支出压力越大。因此，应进一步加大对基层的一般性转移支付规模，提高一般性转移支付比重，便于基层政府统筹安排资金用于经济社会事务，提高基本公共服务水平。建议从中央到地方依次提高一般性转移支付的比重，降低专项转移支付的比重。目前，中央财政规划到 2020 年一般性转移支付的占比逐步提高到 60% 以上；广西要求一般性转移支付比重逐步提高到 70%；建议设区市政府对县的一般性转移支付比重应提高到 80%。只有逐步提高一般性转移支付的比重，严控专项转移支付的比重，才能满足基层政府提供公共服务的需要。

**（四）建立健全四个配套**

1. 加强专项转移支付的法制建设是基础。目前，新《预算法》对专项转移支付仅作出原则性规定，国务院和财政部出台的专项转移支付规章制度，虽对专项转移支付的管理进一步明确，但并不是严格的法律规范，法律效力不彰。财政转移支付应有专门的法律予以规定。针对目前专项转移支付存在的问题，建议借鉴国际上转移支付制度的先进经验，加强转移支付制度的立法工作，或由国务院出台《专项转移支付管理条例》的行政法规，为转移支付提供有力的法律保障。一是要确定专项转移支付的目标、原则、范围、形式、标准等，使专项转移支付制度在法制轨道内有序地运行。二是进一步规范专项转移支付的审批监督程序，专项转移支付应经同级政府同意，报经同级人大审批。三是上级对下级的转移支付额应确定比重，并用法律的形式固定下来，防止讨价还价，消除任意性。四是完善专项转移支付的责任追究机制，对违法违章者给以相应的制裁。

2. 增强专项转移支付的透明度是保障。公开是提高财政资金使用效益的重要途径。当前，专项转移支付的预算安排、分配结果两个环节公开基本实现，但全过程公开机制尚未建立。建议以下几个环节也要公开：一是设立环节公开。将设立转移支付的申请公开，包括设立转移支付的法律依据、资金需求、资金用途、绩效目标、主管部门、实施期限、管理办法等，接受社会公众的监督。二是分配环节公开。专项转移支付分配部门要公布转移支付的分配方法（如自然、经济、社会、绩效等客观因素及其相应权重）、计算公式、计算程序、项目情况和具体金额等，为社会监督提供条件。三是分配过程公开。对采取项目法分配的，应主要采取竞争性评审方式，通过发布公告、第三方评审、集体决策等程序择优分配资金。四是绩效监督公开。对专项转移支付绩效目标信息、绩效评价结果、财政监督结果、审计监督结果等向社会公开。面对社会舆论监督，财政部门和主管部门要及时向社会公众进行解释说明。

3. 加强专项转移支付的监督是关键。要建立覆盖事前、事中、事后全过程、多部门协同合作的专项转移支付监督体系。一是落实主管部门事前、事中监督职责。专项转移支付主管部门不能“一分了之”、“一拨了之”，应加强对专项转移支付的使用监督，深入项目单位调查研究和监督检查，事前应掌握项目前期准备工作、核实项目实施条件，事中应掌握项目实施动态，进行定期和不定期的监督检查，及时发现和纠正存在的问题。二是强化财政审计事后监督。财政检查和审计监督应协调分工，联合制定专项转移支付检查计划，互认检查结果，实现对专项转移支付资金检查的全覆盖，既确保专项转移支付资金使用不存在监管真空，又避免多次重复查验。三是改进专项转移支付检查手段。要建立专项转移支付资金监管系统，对专项转移支付的流向、使用、效果进行动态检查和分析，通过大数据比对，及时发现和纠正存在问题。

4. 加强专项转移支付的统筹是热点。专项转移支付执行难、执行慢、效益低的重要原因就是基层不能统筹、不敢统筹。应建立专项转移支付统筹机制，提高专项转移支付使用效益。一是赋予基层专项转移支付统筹权限。基层项目主管部门和财政部门报同级人民政府批准同意，可以按照本地实际，在不改变资金类级科目用途的基础上，结合本级资金安排情况，加大整合力度，将支持方向相同、扶持领域相近的专项转移支付整合使用。二是赋予基层专项转移支付变更权限。对因情况发生变化导致专项转移支付短期内无法继续实施的项目，预算单位应会同财政部门及时向同级政府报告，由同级政府向上级财政部门申请调整用于其他具备实施条件的用途相近的项目。三是赋予基层专项转移支付退回权限。对于基层财政部门无法统筹、无法调整的专项转移支付，且连续两年未使用或未用完，建议向上级财政部门提出申请，由上级财政部门收回。

# 第五分报告　建立科学高效的专项转移支付体系

广东省预算会计研究会课题组*

近年来，专项转移支付项目的“清理、整合”工作已经取得阶段性成果。接下来，就是如何在现有“清理、整合”工作成效的基础上进一步规范专项转移支付。本报告拟从三个方面展开分析：一是从转移支付概念产生与发展进程梳理出专项转移支付概念的一些基本属性，为构建规范高效的专项转移支付分类体系打下理论基础；二是分别从政府整体与市场关系角度、政府整体内部各级政府间财政关系角度，来设计转移支付的双层分类体系；三是从政治经济的角度，就专项转移支付项目设立的基本原则、设立依据等问题做些探讨。

## 一、专项转移支付的基本含义

专项转移支付是专项和转移支付两个概念的组合物。一个具体的专项转移支付项目必须同时具备专项和转移支付的双重属性。

### （一）专项项目具有政策目标的“特殊性”、事务发生的“临时性”和资金使用的“专用性”

对于专项，人们一般注重的是其“专款专用”的要求，即专项资金必须按照指定的用途使用。因此，有人认为，凡是要求按照指定用途使用的资金就是专项资金。这一认识是不够严谨的。其实，“专款专用”是预算资金使用过程中的普遍要求，即所有的预算资金都必须按照年初批准的预算使用，包括资金额度、使用方向、支出科目等都必须按照批准的预算执行。在资金

* 课题组负责人：黎利权；课题组成员：黎利权、许航敏、麦方；执笔人：黎利权。

使用过程中，每一笔预算资金都具有“专用性”。

专项与非专项之间有没有一个划分标准？资金使用过程中的“专用性”是不是专项与非专项的划分标准？对这一问题的回答，不能局限于资金使用过程，必须结合财政分配过程。在财政分配过程中，哪些进专项，哪些不进专项，判断依据有两条。其一，政策目标是否具有特殊性？其二，由政策目标所引发的具体公共事务是经常性发生还是临时性发生？政策目标的“特殊性”、事务发生的“临时性”和使用过程的“专用性”共同构成了专项资金的三个基本属性。由政策目标“特殊性”所决定的公共事务发生的“临时性”是专项资金最本质、最客观的属性。正是因为专项项目的“临时性”，所以，《中央对地方专项转移支付管理办法》（财预〔2015〕230号）对专项转移支付项目的设立提出了“有明确的实施期限”、“到期后自动终止”等规定。也正是因为政策目标的“特殊性”，所以该办法还规定了“不得重复设立绩效目标相近或资金用途类似的专项转移支付”。

随着经济社会的发展，政策目标的“特殊性”与“一般性”、公共事务的“临时性”与“经常性”也会发生转化。一些过去没有的公共事务，可能会“临时性”地冒出来；一些过去看来政策目标具有“特殊性”的“临时性”公共事务，今天可能会因政策目标已经实现而取消，也可能会转变成“经常性”事务。过去一段时间出现的专项项目过多、项目固化等问题，正是由于人们忽视了项目“临时性”与“经常性”的转化所导致的。也正是因为政策目标“特殊性”与“一般性”的转化、公共事务“临时性”与“经常性”的转化，所以2014年新修订的《预算法》提出了要“建立健全专项转移支付定期评估和退出机制”的要求。《国务院关于改革和完善中央对地方转移支付制度的意见》（国发〔2014〕71号）也提出“要建立健全定期评估和退出机制，对其中目标接近、资金投入方向类同、资金管理方式相近的项目予以整合”的要求。

### （二）转移支付是否具有“无偿性”

《中央对地方专项转移支付管理办法》（财预〔2015〕230号）第二条规定：“本办法所称中央对地方专项转移支付（以下简称专项转移支付），是指中央政府为实现特定的经济和社会发展目标无偿给予地方政府，由接受转移支付的政府按照中央政府规定的用途安排使用的预算资金。”这个关于专项转移支付的定义不仅强调了政策目标的“特殊性”、资金使用的“专用性”，同时还使用了“无偿给予”一词。这样看上去，“无偿性”就是转移支付的基本属性。而该管理办法的第三条规定：“按照事权和支出责任划分，专项转移支付分为委托类、共担类、引导类、救济类、应急类等五类”；“委托类专项是指按照事权和支出责任划分属于中央事权，中央委托地方实施而相应设立的专项转移支付”。这就是说委托类专项转移支付就是中央在给予地方预算资金的同时，也相应把中央事权委托给了地方。这对地方政府而言，在取得预算资金的同时，也受托代理了本属于中央责权范围的公共事务。显然，这不是对地方政府的“无偿给予”，而是因委托代理而产生的委托支付。由此说来，委托类专项与专项转移支付的定义在是否“无偿给予”的问题上是存在矛盾的。怎么解决这个矛盾？是去掉转移支付定义中的“无偿给予”，还是将委托支付从政府间专项转移支付中剥离出去？回答这个问题，不妨先讨论一下转移支付到底是个什么意思？是否具有“无偿性”？

理论界多数人认为，转移支付概念是英国“福利经济学之父”阿瑟·塞西尔·庇古（Arthur Cecil Pigou，1877—1959）最早提出的。1912 年，他在其《财富与福利》著作中提出了对企业、居民进行财政补贴的思想。其一，他在讨论国民收入分配与经济福利的关系时指出，在收入的边际效用递减规律作用下，即使国民收入总量不变，由政府通过超额累进税率把富人的收入集中起来再补贴给穷人，也会增进社会总效用，即增进社会总的经济福利；其二，他在讨论资源配置状态对国民收入增长的影响时指出，私人的生产活动在给自己带来私人收益的同时，有可能给外部社会带来有利影响，即收入外溢形成额外的社会收益，也可能给社会带来不利影响，即成本外溢产生额外的社会成本。他主张由政府对资源配置进行干预，即对成本外溢产生额外社会成本的课以重税，对收入外溢形成额外社会收益的进行政府补贴。

这种对企业、居民进行财政补贴的思想是庇古最早期的转移支付思想的雏形，其政策目的有两个：一是通过居民收入从富人向穷人的转移，来达到增进社会总体经济福利的目的；二是通过企业收入从成本外溢类生产者向收益外溢类生产者转移，来达到资源配置最优并增加国民收入的目的。

1925 年，庇古在其《公共财政研究》著作中进一步把财政经费明确划分为实际消费的经费与转移经费。这是他首次明确提出转移经费的概念并应用于财政支出的分类。这也是后来理论界把财政支出划分为购买性支出与转移支付的源头。从这里不难看出，庇古所定义的转移支付的基本含义就是：国民收入通过政府财政再分配的手段所进行的在企业间、居民间的转移。转移支付与政府以提供公共产品和公共服务为目的的对商品和劳务的购买无关。转移支付政策目标主要定位于弥补市场竞争所造成的居民收入分配的"两极分化"缺陷，以及解决收益外溢等市场失灵问题。

1936年，英国"赤字财政之父"约翰·梅纳德·凯恩斯（John Maynard Keynes，1883—1946）在其代表作《就业、利息和货币通论》中进一步丰富了以有效需求管理为基础的国家干预理论。他认为，在收入的边际消费倾向递减规律作用下，通过政府干预将一部分高收入者的收入转移支付给低收入者，可以增加社会消费总需求，从而达到扩大生产增加就业的目的。

尽管凯恩斯与庇古对宏观经济分析的出发点和分析工具差异很大，凯恩斯注重的是收入分配对社会总的有效需求的影响，庇古注重的是收入分配对社会总的经济福利的影响。凯恩斯用的是边际消费倾向分析工具，庇古用的是边际效用分析工具。但他们对转移支付概念所下定义的角度和基本含义是一致的，都是站在政府整体与市场在资源配置中的关系这个角度来下定义的，转移支付概念的基本含义都是国民收入在企业间、居民间的有别于政府购买性支出的"无偿性"收入转移。

### （三）委托类专项是否应该从政府间转移支付中"剥离"出去

下面再来分析一下委托类专项从政府间转移支付中"剥离"出去的必要性。

"委托类专项"划入政府间专项转移支付是站在财政预算资金管理的角度来考虑问题的，只看到了委托支付与专项转移支付在预算资金支付和"专款专用"方面的共性，忽视了二者在预算资金支付背后的政府间公共事务责权划分上的根本区别。此举从财政部门预算资金支付管理实际工作的角度来看，具有操作上简便、统一的优点。但弊端也很明显，而且危害不小。

弊端之一，造成了中央与地方之间公共事务职责与账面上展现的总预算规模不对称，人为地夸大了地方总预算的规模，夸大了中央对地方转移支付的规模，人为地缩减了中央本级部门预算的规模。

弊端之二，因为"委托类专项"列入政府间专项转移支付，没有列入中央本级部门预算，所以全国人大在审查中央本级部门预算的时候，对“委托类专项”立项是否科学、资金规模是否恰当等问题基本审查不到。比如：农业结构调整补贴，按照新《预算法》支出功能分类细化到“项”级科目的规定，如果在中央部门预算中反映，则可以反映在“213 农林水支出”类——“01 农业”款——“21 农业结构调整补贴”项。而现在作为中央对地方的政府间专项转移支付，不作为中央部门对企业、居民的专项转移支付，则只能反映在“230 转移性支出”类——“03 专项转移支付”款——“13 农林水”项。很显然，在中央对地方转移支付的“13 农林水”项反映，与在中央部门预算“21 农业结构调整补贴”项反映相比较，在中央部门预算中反映要更详细、更具体，更能表达中央对农业结构调整的政策意图，更便于全国人大对专项转移支付项目的立项是否科学、资金规模是否恰当等问题进行审查。而此类的产业结构调整政策由全国人大站在全国一盘棋的高度来审查，比分散在各地的地方人大来审查，效果肯定要好很多。因为地方人大对中央的委托类专项转移支付即便是审查，即便是对立项是否科学的问题有一些不同的看法，也因其是中央专项而无权否决、无话可说。地方人大对中央委托类专项资金规模是否恰当的问题，出于地方利益的考虑，往往是抱着“多多益善”的态度。过去很长一段时间，人们议论专项转移支付资源配置效率不高的问题，与委托类专项列入政府间转移支付，由地方人大来审查中央政府责权范围的公共事务预算，造成预算审查主体错位的现象不无关系。

委托类专项因其“事权”与“财力”一并委托，所以本质上不属于中央对地方的“无偿给予”，不属于政府间转移支付。政府间的委托支付与政府间的转移支付不是一回事。转移支付是财力的单方面转移，具有“无偿性”。委托支付是财力与公共事务责权的一并转移，不具有“无偿性”。

过去很长一段时间，所谓政府间专项转移支付“小、散、乱”的问题，其实并不全是真正转移支付意义上的“小、散、乱”，而是委托支付上的“小、散、乱”。其背后的根源在于政府某些行业主管部门在履行公共事务职责方面的不作为，在公共事务职责面前推诿下压。

把委托支付与转移支付混在一起，给委托支付披上一层转移支付的漂亮外衣，其结果必然会掩盖行业主管部门在公共事务方面推诿职责的问题。如此下去，政府间公共事务责权划分的改革将失去意义，将不利于提高政府整体行政效能。

党的十八届三中全会通过的《中共中央关于全面深化改革若干重大问题的决定》（以下简称《决定》）提出要“清理、整合、规范专项转移支付项目”，其中一个很重要的“清理”事项就是应该把委托支付从政府间转移支付中清理出来，恢复并规范转移支付“无偿给予”的本质含义。

### （四）委托支付应列入哪级部门预算

委托支付从政府间转移支付中“清理”出来以后，到底应该列入哪一级政府部门预算？回答这个问题不应该以公共事务受托实施主体为基础，而应该以公共事务职责和支出责任主体为基础。接受委托支付的下级地方政府不应该将受托代理支付的专款纳入地方总预算。

一个具体的委托支付，即使属于中央对企业、居民的“无偿给予”，比如上述农业结构调整补贴，也应该只是支出经济分类反映为中央对企业、居民的转移支付，而在支出功能分类上依然应该列入中央部门预算按行业划分的相关功能支出类，而不应该列入政府间转移支付。因为中央对企业、居民的“无偿给予”并不代表中央对地方政府的“无偿给予”。中央对企业、居民的转移支付与中央对地方政府的转移支付并不是一回事。

一个具体的委托支付，如果不属于对企业、居民的“无偿给予”，而是对行业系统内下级政府所属预算单位因委托事务给予的经费补助，比如地方水文气象部门受托实施的中央事务，则不仅不属于政府间转移支付，而且也不属于对企业、居民转移支付，更应该直接列入中央部门预算按行业划分的相关功能类支出，而不应该列入政府间转移支付。

## 二、专项转移支付双层分类体系构建设想

党的十八届三中全会审议通过的《中共中央关于全面深化改革若干重大问题的决定》提出要“使市场在资源配置中起决定性作用和更好发挥政府作用”。如何更好地发挥政府在资源配置中的作用？一是要做好政府与市场的分工，划清边界。市场负责提供私人消费品，政府提供公共服务和公共产品。二是政府干预市场要适当。财政支出中的购买性支出体现着政府与市场的分工；对企业、居民的专项转移支付体现着政府对市场的干预。

我国目前的转移支付概念因其伴随“分税制”财政体制而生，所以一直

都是应用于政府间转移支付。对企业（含社会组织，下同）、居民还基本上都是使用补贴、补助等概念。转移支付分类体系也仅仅是政府间的转移支付分类体系。现行《中央对地方专项转移支付管理办法》（财预〔2015〕230号）最根本的缺陷就是没有跳出狭义财政体制的圈子，仅仅是从政府间财政关系的角度来考虑专项转移支付的分类体系。尽管该办法在内容上多处涉及了政府与市场的关系，比如：设立专项转移支付应当符合“不属于市场竞争机制能够有效调节的事项”，“市场竞争机制能够有效调节的，予以取消；可由市场竞争机制逐步调节的，规定一定实施期限实行退坡政策，到期予以取消”等规定，但该办法的标题以及分类体系都没有体现政府与市场在资源配置中的关系。

要研究“建立科学高效的专项转移支付体系”，不能仅限于站在某一具体层级政府的角度来考虑财政工作业务管理上的方便和高效，而更应该站在政府整体的角度来考虑社会资源配置是否高效。也就是说，对专项转移支付分类体系的设计，不能局限于政府间的专项转移支付，而应该首先从政府整体与市场关系的角度来考虑政府对企业、居民的专项转移支付；然后再进行政府体系内部上下级政府间专项转移支付分类体系的设计。

**（一）政府整体与市场关系角度的对企业、居民专项转移支付分类体系**

政府整体对企业、居民的转移支付以政府与市场在资源配置中的关系为基础。政府对居民专项转移支付应限于弥补市场激烈竞争带来的居民收入“两极分化”的缺陷，政府对企业专项转移支付应限于收益外溢等市场失灵以及对市场经济实施宏观调控。其政策目标总体上是维护市场经济平稳健康运行。

政府整体对企业、居民专项转移支付按照政府干预市场的具体政策目标及其对市场的影响可以划分为：居民收入分配类、企业收益外溢补偿类、产业政策引导类。

**（二）政府间财政关系角度的专项转移支付分类体系**

政府间财政关系以各级政府公共事务责权和支出责任划分为基础，在“分税制”发挥财力配置主体作用并充分调动各级政府发展经济积极性和主动性的基础上，通过政府间转移支付予以补充，以满足各级政府履行公共事务责权所需的基本财力。政府间转移支付适当补充的范围，应限于弥补“分税制”激励机制所带来的区域间财政收入的“两极分化”缺陷以及解决“分税制”激励机制在政治、文化、社会、生态等方面存在的激励失灵。其基本政策目标是保障下级政府统筹推进“五位一体”总体布局、履行公共事务职责所需的基本财力，实现基本公共服务均等化。

政府间转移支付按照具体政策目标是否具有特殊性、具体公共事务是否具有临时性，可以划分为：政府间一般性转移支付和政府间专项转移支付。

政府间专项转移支付可细分为：区域政策引导类、救济类、应急类。

## 三、专项转移支付项目设立的基本原则与依据

### （一）专项转移支付项目设立的基本原则

1. 坚持党的领导，统筹推进“五位一体”总体布局。专项转移支付项目的设立，不仅要根据包括财政业务在内的政府各部门业务的具体实际来考虑政府行政效能的高低，而且还要站在政府整体与市场关系的角度来考虑资源配置是否高效；不仅要从经济的角度遵循资源配置最优的经济规律，而且还必须跳出单纯的、抽象的经济观点，结合我国具体的政治体制，坚持中国共产党的集中统一领导，站在统筹推进经济、政治、文化、社会、生态“五位一体”总体布局的高度来考虑国家治理体系是否科学高效。

2. 坚持社会主义市场经济体制，自觉遵循经济基础决定上层建筑、上层建筑反作用于经济基础的社会发展规律。对企业、居民的专项转移支付体现着政府对市场一定程度的干预。设立专项转移支付项目，必须正确处理好政府与市场在资源配置中的关系，坚持社会主义市场经济体制，让市场在资源配置中发挥决定性作用。

党的十八届三中全会通过的《中共中央关于全面深化改革若干重大问题的决定》指出“财政是国家治理的基础和重要支柱”。转移支付作为财政体制的重要组成部分，既是“优化资源配置、维护市场统一、促进社会公平、实现国家长治久安”的经济基础，也是建立在社会主义市场经济基础之上的政治制度安排。

转移支付作为一种分配关系，属于经济基础的范畴，对上层建筑具有决定作用。同时，作为一项带有特定政策目标的政治经济制度，体现着党的政治主张和国家意志，又属于上层建筑的范畴，对社会主义市场经济基础具有

反作用。专项转移支付具体项目的设立，既要考虑该项目政治上的政策意图，也要遵循社会主义市场经济规律。既要评估其正面的资金绩效，也要预估其对社会主义市场经济关系可能产生的负面影响。对企业专项转移支付项目的设立，应以不扭曲市场价格信号、不妨碍价值规律发挥作用为底线；对居民专项转移支付项目的设立，应以不损害按劳分配的基本分配制度、不打击劳动者参与劳动的积极性为底线。单纯的经济观点，会导致迷失政治方向，损害社会公平正义，不利于国家长治久安；单纯的政治观点，不尊重经济规律，也会破坏社会主义市场经济基础。

**（二）专项转移支付项目的设立是否必须有明确的法律、行政法规作为依据**

《中央对地方专项转移支付管理办法》（财预〔2015〕230号）第六条规定："设立专项转移支付应当同时符合以下条件：（一）有明确的法律、行政法规或者国务院规定作为依据；……"专项转移支付这项财政业务工作是长期的，专项转移支付的分类也可能是相对稳定的。但就具体专项项目而言，专项政策目标的特殊性决定了专项公共事务的临时性。这与法律、法规的稳定性、长期性不一定是完全吻合的。这一规定实际执行起来也是难以真正落实的。

设立专项转移支付项目到底应该以什么为依据？回答这个问题必须结合国家具体的政治体制。我国是中国共产党领导的人民民主专政的国家。中国共产党代表最广大人民的根本利益，执掌国家的政治方向。党中央在普遍性、长期性、方向性重大问题上的政策主张，通过人大立法程序，以国家法律的形式相对固定下来。但在特殊性、临时性公共事务上的政策主张，则不宜以法律、法规的形式予以固化。过去很长一段时间，专项转移支付项目过多、项目固化，导致财政分配职能被肢解的局面，与一些特殊性、临时性、阶段性公共事务支出以法律、法规形式予以固化的"法定支出"不无关系。总结以往的经验教训，按照专项政策目标特殊性、专项公共事务临时性的特点，专项转移支付具体项目的设立不应过于强调法律、法规这个依据。除"明确的法律、行政法规"以外，还应该包括党中央、地方上级和同级党委的决议、决定。

# 第六分报告　国家治理体系下的中央专项转移支付问题及对策研究

福建省预算与会计研究会

党的十九大要求“加快建立现代财政制度，建立权责清晰、财力协调、区域均衡的中央和地方财政关系”。专项转移支付是政府间财政关系的重要内容。认真分析研究专项转移支付存在问题的主要原因，并积极建言献策，对于我国加快建立现代财政制度具有现实意义。

## 一、专项转移支付改革的现状和问题

中央专项转移支付是指中央政府为实现特定的经济和社会发展目标无偿给予地方政府，由接受转移支付的地方政府按照中央政府规定的用途安排使用的预算资金。我国的专项转移支付近似于西方国家的特殊目的的转移支付或有条件的转移支付。根据世界银行《政府间财政转移支付：原理和实践》中所指出的，专项转移支付主要是为了激励下级政府执行某些具有外部性的项目或活动。实行分税制以来，中央专项转移支付制度在改革进程中不断完善，但与现代财政制度的要求相比仍有差距。

### （一）专项转移支付涉及领域过宽

实行分税制后，中央转移支付制度改革过程有三大特点：一是专项转移支付项目过多。为保证中央政府宏观调控能力，减少地方资源配置的扭曲效应，中央设立和实施规定用途的转移支付制度有其必要性。因而也让许多规定用途转移支付的存在有了理由。据审计署报告，长期以来，专项转移支付的项目几乎覆盖所有预算支出科目。同样的道理，在一般性转移支付中，除均衡性转移支付外，中央财政对其余大部分的一般性转移支付也都规定了用途。许多地方将之称为“准专项”，也有的地方称之为“一般性专项”等。可以由地方政府自主支配的资金，实际上就剩下均衡性转移支付。但均衡性转移支付的占比长期很小，地方政府或难以达到均衡地方财力的作用。二是规定用途的转移支付内涵实际在扩大。在改革过程中专项转移支付的名称虽然一直未曾改变，但若以“规定用途”的属性来判断，规定用途的转移支付实际上已大量出现在一般性转移支付中。特别是在2009年为规范转移支付制度[①]，中央财政将原列在专项转移支付中的教育、社会保障和就业、公共安全、一般公共服务等补助数额相对稳定的项目转入一般性转移支付。改革调整后，除相对稳定的项目外，还有一部分上述转移支付项目仍保留在专项转移支付中。由此，转移支付体系出现了“一般之中有专项，专项之中有一般”的现象。三是转移支付的分类不完全以资金用途为依据。中央转移支付的分类与国家治理体系有关，具体说，是与部门间的权力划分有关。目前，中央财政在公共预算的统计口径上，将财政主管的补助资金统称为一般性转移支付；将财政与其他职能部门协管的补助资金统称为专项转移支付。各个专项转移支付的政策目标虽然复杂，但若从其预算科目归类目标上看却十分清晰：表面上是便于预算科目分类统计的需要，实际上体现出财政与其他部门之间的权力架构。从转移支付预算科目分类统计上，直接反映的是财政主导与统筹的财力结构，间接反映的是财政与其他部门的权利结构。

### （二）专项转移支付规模长期过大

中央专项转移支付规模，从1995年的375亿元增加到2016年的20925亿元，年均增长21.01%。中央专项转移支付占中央转移支付比重（以下简称专项转移支付占比）过大，长期高于50%以上（见图6-1）。1998年为应对亚洲金融危机，中央专项转移支付占比出现一个极值，达到73.96%。2008年在美国次贷危机影响下，中央为了避免经济增速持续下滑，中央专项转移支付占比又一次出现极值，达到了52.53%。从2011年开始，占比呈现出下降趋势，到2016年年底，中央专项转移支付占比为39.17%，首次出现

① 韩冰：《转移支付制度演进的逻辑——转移支付功能定位与现实选择》，《地方财政研究》，2014年第9期。

低于 40%，但仍然保持着相当大的规模。

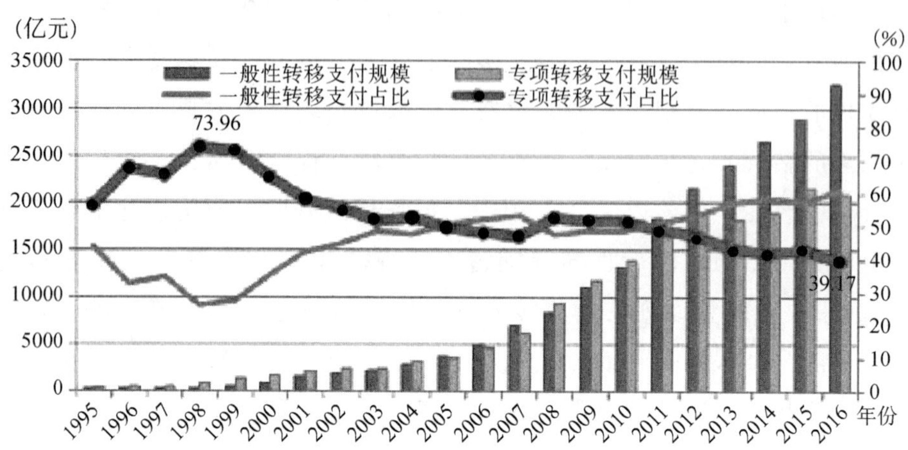


**图 6－1 1995—2016 年中央转移支付的规模和结构**

注：本报告基础数据来源于历年《中国财政年鉴》。

### （三）资金使用效率不高且整合难度大

中央专项转移支付资金使用效率不高主要表现在：一是难以统筹形成合力。分配方式既“分条”又“切块”，项目重复交叉，用撒胡椒面式划拨方式，资金分配不规范。二是一些部门累积滚存资金数额巨大。由于科目设置不合理，有的专项转移支付资金出现挤占挪用，也有的过度拘泥专款专用，不能调剂；项目设置缺乏严格的准入和退出机制，许多专项转移支付设立缺乏依据，设立后成为既得利益，缺乏自动退出机制。三是资金预算可预期性不足。大量的专项转移支付资金在分配中缺乏公开透明的程序，临时性和随意性相对较大，由于各个专项转移支付的制度相差较大，地方每年的预算对许多项目资金无从预期，大量的专项资金无法列入年初预算，以致预算安排管理粗放，许多项目执行进度比较慢，资金使用效果不佳，等等。

为此，历史上中央多次要求整合、清理专项转移支付，但最终效果都非常有限。党的十八届三中全会《决定》再次明确提出清理、整合、规范专项转移支付项目。2015 年 2 月，印发《国务院关于改革和完善中央对地方转移支付制度的意见》（国发〔2014〕71 号），明确逐步压缩专项转移支付占比下降到 40% 以下。根据十八届三中全会确定的财税体制改革方向，福建省对省级专项转移支付资金进行了全面清理、整合和规范。在取得成效的同时，也遇到不少的问题。例如，部门阻力比较大，预决算间的衔接难度比较大等问题。

## 二、存在问题的深层原因分析

专项转移支付存在资金使用效率低下等诸多问题，表面原因主要是资金分配不规范、分配权限分散等。深层原因主要是以下几个方面：

### （一）政府间事权划分不明确

我国政府间财政关系未理顺。条块分割财力，财权肢解、决策分散，增加了中央与地方、上级与下级政府间博弈的机会与谈判成本。一是政府转变职能不到位。政府和市场、社会边界没有厘清，财政供给范围不科学，造成财政供给范围越位、错位和缺位现象并存。二是中央与地方权责脱节。横向财力分配固化突出，财政统筹安排难度大。纵向财力分配法制化程度低，政府间事权划分随意性较大。三是地方公共预算收支不平衡。由此，地方出现了异化的两个“依赖性”和“积极性”，即依赖中央补助和依赖土地财政，积极“跑部钱进”和体制外收支，导致政府职能异化和债务潜在风险。

### （二）财政统筹能力较弱

由于其他职能部门存在专业管理与信息的优势，“项目治国”因此常常成为各级政府及其部门的习惯。但预算执行部门成了预算分配部门，必然会扰乱财政资金分配秩序。中央财政为统筹集中财力，遵循的路径大体有两条：一条是整合部门专项。从 2006 年开始，中央财政多次提出缩小专项转移支付规模，由于政府职能转变缓慢和行政体制权力架构影响，部门利益存在刚性，通过整合部门专项来解决财力分散化问题实际所取得的成果非常有限。再一条是融合条块财力。主要的措施就是分档补助。1998 年，中央财政在调整工资专项补助中开始实施分档补助办法。之后，在农业、教育、卫生、社保等方面陆续出台了不同区域标准和分担比例的专项补助政策。融合相对于整合，阻力较小。因此，中央财政分档补助政策的实质是促进条块财力融合的重要措施。但在现实中条块财力融合尚不融洽，关键是中央财政促进条块融合的技术性还不够科学。

税收努力与转移支付之间是否存在互相制约机制，是评判转移支付制度是否完善的重要标准。将均衡性转移支付制度中的税收努力考核办法移植到分档补助中，以增强分档补助的税收努力激励约束机制，原本是正确的。但是，现行分档补助与税收努力的内在制约机制还不完善，而且中央评价地方收入能力指标体系内在不合理因素还存在自我循环、自我强化的现象。一是平均有效税率缺乏代表性。中央财政以指定的有效税种计算的全国平均有效税率，是加权平均数，缺乏代表性。若以中位数或者众数为全国平均有效税率，也比加权平均数更有代表性。二是分档补助存在盲区。中央财政分档补助的依据，先是以经济地理区位为依据，后有的项目又改为测算地方财政困难程度并将其分类简化，按照东中西区域确定不同补助比例，对除均衡性转移支付之外的绝大多数其他转移支付进行资金分配。这实际上仍然还是以经济地理区位作为分档的主要依据。由于分档档位太少，与各档边缘地区实际情况不对称，抑制了各档末尾地区财政的发展能力，而东部地区的分档补助系数最小，处于东部末尾的省份必然受影响最大。三是财政部财政收入质量的偏离度考评办法也不够科学。根据财政部出台的《地方财政管理绩效综合评价方案》（财预〔2014〕45 号），从 2014 年开始，中央对地方转移支付将更多参考地方财政绩效考评结果。在该《评价方案》中提出，为提高收入质量，以宏观产业税负、公共财政收入中税收收入占比等为对象，评价地方财政收入质量，引导和督促地方加快经济结构调整升级。其中，宏观产业税负的评价，是划分东、中、西区域，分别计算各省份第二产业、第三产业税收额占第二产业、第三产业增加值的比重与所在区域平均值的偏离度，偏离度越低得分越高。按该方法进行评价，对福建省将产生尤为不利的影响。这里不妨做一个数据分析证明：从全国范围看，2013 年第二产业、第三产业税收额占第二产业、第三产业增加值的比重为 9.40%，福建省为 8.69%，偏离全国平均值 0.71 个百分点。从东部区域来看，东部地区该指标平均值为 10.38%，福建省排在东部地区倒数第 2 位，低于该平均值 1.69 个百分点，偏离程度显著被扩大。原因在于，东部地区包含了京津沪三个直辖市，而城市型经济省份一个明显特征就是其二三产业税收比重天然地较一般省份要来得高。若剔除京津沪三市，福建省二三产业税收比重与剩余东部省份的平均值 9.19% 仅差 0.5 个百分点，与其在归类区域中比较的情况相当。而且，城市化进程有其客观规律性，一般省份城市化水平要进化到京津沪的水平，还需要一个长期过程，忽视这种规律性的行为是不正确的。

### （三）利益主体博弈格局较难协调

分档补助的主体是中央财政和其他部门，客体是专项转移支付，受体是地方政府，载体是项目资金分配办法。载体出现的问题其实都是表面现象，也就是现行中央分档补助的问题集中反映了利益主体之间的深层矛盾。从统筹协调角度看，中央财政倾向主导财力再分配；从宏观调控角度看，中央其他部门倾向规定用途的转移支付；从因地制宜角度看，地方政府倾向无条件的转移支付。但是，无条件的转移支付已经不是现在所说的一般性转移支付，而是均衡性转移支付。中央财政提出，完善转移支付制度的指导思想是，要以实行一般性转移支付为主、专项转移支付为辅的模式，实现全国基本公共服务均等化。这句话的实质，其实就是中央财政要主导财力再分配。其他主管部门为了巩固专项资金分配的主导地位，积极推行专项资金法制化。有人指出其实质是“财力部门化，部门利益化，利益法制化”。地方政府在这场博弈中处于被动的地位，原因在于中央与地方事权划分不清晰。这与政府职能转变缓慢、财政体制不完善有关。根本原因是与“统一领导，条块结合”行政管理的权利架构有关。

财政部门内部也存在同样的权利架构，对各业务司局在财力再分配中出现争钱与挣钱的矛盾，也需要核心业务司进行统筹协调，建立内在制约机制。但目前中央财政融合条块财力的分档补助办法还欠科学。在解决深层次体制机制性问题上，要取得实质性进展需要提升分档补助的“条块融合”技术水平。

专项转移支付虽是财政资金安排的一种特定形式，但其涉及中央与地方之间的权力分配与相互影响，是国家治理体系的重要内容。如何在保证中央政府宏观调控能力的情况下减少对资源配置的扭曲效应，应当是我国政府间转移支付改革的努力方向。我国政府治理能力的问题主要是，自我约束机制及外部控制机制不太完善，难以保证治理过程的科学性和目标的公共性。所以，需要以预算管理制度化来弥补政府自身的缺陷，以财政体制机制的技术科学化来调节和规范政府行为。国家治理现代化改革，应该也可以专项转移支付为“抓手”，理顺不同级次政府间的财政关系，由点带面加快实现现代财政制度，进而完善国家治理体系。

## 三、若干对策建议

要从提高国家治理能力现代化的高度上，以更加科学、合理和规范的方式激发地方和部门内在的改革动力，推动转移支付设置与财政事权划分相适应，建立科学高效的专项转移支付体系。

### （一）规范政府间财政关系

要完善以中央和地方财政关系为载体的财税体制机制，增强制度的可预期性和稳定性，保护和激发地方改革和发展能力。一是建立事权和支出责任相适应制度。在转变政府职能、合理界定政府与市场边界的基础上，充分考虑公共事务的受益范围、信息的复杂性和不对称性以及激励相容性，合理划分中央和地方财政事权和支出责任，中央和地方按规定分担支出责任，适度加强中央政府事权和支出责任，减少委托事务，缓解地方支出压力。二是规范政府间转移支付的分配依据与方法。改变过去的基数法和讨价还价的分配方式，尽可能地将所有项目和资金的分配全部纳入科学化规范化的轨道，提高透明度。合理选择并运用转移支付方式，确定财力与事权相匹配的程度，满足各级政府履行事权的财力需求，推进地区间基本公共服务均等化。三是调动中央和地方两个积极性。要发挥转移支付在平衡地方财力、引导地方财政支出结构优化方面的积极作用。转移支付方式和结构的设计，既要考虑到中央对地方的调控，体现中央的政策意图，也要尽可能地发挥地方统筹使用转移支付资金的自主性。

### （二）创新条块财力融合的新举措

完善转移支付的资金分配办法，不仅是改善专项转移支付区域政策的举措，更大的意义是，在国家治理现代化的大背景下，探索体现科学性的体制机制创新。一是进一步完善地方财政收入能力的一系列评价指标。建议建立更加科学合理的地方财政收入能力评估办法，如扩大有效税种的内涵，使有效税率能正确评估地方税收的潜在能力，真正反映地方税收努力程度。二是清除中央转移支付的盲区和死角。消除各档边缘地区财力与增量调节不对称的现状。取消按经济区位为主要依据的分档补助政策。建议将以经济地理区位为依据的转移支付分档补助系数，改为以财政综合实力为依据。同时，还应细化分档补助政策，增加分档档次，使各省份实际情况与分配系数更加对称和吻合。三是完善地方财政管理绩效综合评价方案。建议取消财政收入质量考评办法与专项转移支付资金挂钩的政策。或者改进财政收入质量考评办法，在计算和评价各地的该指标时，应该剔除京津沪三市。

### （三）有序规范部门的“二次分配权”

既要兼顾中央和地方两方的利益，还要化解横向部门间的财力矛盾。在转移支付的结构上，既不能像过去那样以专项为主，但也不能走向反面。要围绕建立现代财政制度，以推进地区间基本公共服务均等化为主要目标，以一般性转移支付为主体，完善一般性转移支付增长机制，清理、整合、规范专项转移支付，提高转移支付资金使用绩效，充分发挥转移支付制度在推进基本公共服务均等化、促进经济社会持续健康发展方面的作用。一是进一步优化转移支付结构。按照“调结构、增一般、减专项；强管理、推公开、提绩效”的思路，大幅度减少转移支付项目，归并重复交叉的项目，对保留的专项进行甄别，属于地方事务且数额相对固定的项目，划入一般性转移支付。二是建立健全专项转移支付定期评估和退出机制。规范专项转移支付项目设立，严格控制新增项目和资金规模。三是积极试行提高分类拨款的比重。对目标接近、资金投入方向类同、资金管理方式相近的专项转移支付予以整合。推进专项转移支付预算编制环节源头整合改革，选择某些领域试行“大专项＋任务清单”管理方式。

# 第七分报告　构建科学高效的专项转移支付体系研究

四川省财政厅课题组

## 一、专项转移支付的理论和制度依据

### （一）概念界定

专项转移支付又称有条件补助或专项拨款，是上级政府为实现特定的宏观政策目标或事业发展战略目标而设立的补助资金，以及对委托地方政府代理的一些事务或者共同承担的事务进行补偿而安排的补助资金。

### （二）理论基础

1. 辖区间外部性理论。政府财政投入专项资金治理某地区，而使多个地区受益，整个社会的经济效益得到提升。从这个角度上看，收益与成本产生了分离，本辖区政府负担了治理成本，而利益却分散到相邻辖区。在没有专项转移支付的情况下，受益原则遭到破坏，其结果必然是没有哪一个辖区愿意提供充分的外溢性服务。因此，政府要矫正辖区间公共服务外溢，就需要根据收益原则建立专项转移支付制度，对提供公共服务的成本进行有效的调整和分担。

2. 政府间委托代理理论。在我国的专项转移支付制度中，中央与地方政府之间的关系是一种委托代理关系。专项转移支付资金的下达与落实是中央政府与地方政府之间契约的实施。这种委托代理关系中，中央政府将公共产品供给事务委托给地方政府，处于委托人地位。地方政府根据中央政府要求，利用中央财政下达的专项转移支付资金完成公共产品供给，处于代理人地位。

3. 财政分权理论。中央政府与地方各级政府拥有不同的职能，地方政府应有的财政支出规模由其所承担的职能来决定，因而会尽力获取充足的财政收入便于进行更好的支出分配来保障其提供公共产品和公共服务的能力。收入与支出存在缺口，导致地方政府对上级政府或中央政府转移支付产生依赖。

4. 政府经济职能理论。财政是政府的一种经济行为，政府经济职能的范围直接决定了财政管理的范围。基于政府经济管理职能，专项转移支付应充分发挥其宏观调控作用方面的比较优势，把注意力集中在宏观调控上。专项转移支付项目设立应着重考虑宏观调控职能。同时，政府只是在市场失灵范围内发挥职能，专项转移支付也应遵循该原则，减少对微观市场经济主体和竞争性领域的直接扶持。

### （三）制度演进

1994 年分税制财政管理体制改革后，专项转移支付制度建立经历了长达六年的摸索阶段。这期间，专项资金分配遵循“地方申报—央地谈判—领导批示”的非制度化管理模式，专项资金补助额度完全取决于地方谈判要价能力，“跑部钱进”且带有暗箱操作性质的专项转移支付分配机制成为理论界和实务界疾呼改革的重点。

2000 年 8 月，财政部正式出台专项转移支付纲领性文件《中央对地方专项拨款管理办法》（财预〔2000〕128 号），首次界定了专项转移支付的范畴，制订了申请、审批程序、分配办法以及监督责任等，专项转移支付从立项审批、资金分配到各个环节的监督都可以做到有章可循，各省份根据实际情况贯彻和一定程度上调整该文件，形成对省以下专项转移支付制度，客观上促进了我国专项转移支付走向规范化。

2015 年，国务院印发了《国务院关于改革和完善中央对地方转移支付制度的意见》，针对中央和地方转移支付制度存在的问题和不足，明确了改革和完善转移支付制度的总体目标、基本原则和主要措施。

2016 年，财政部重新制定《中央对地方专项转移支付管理办法》（以下简称《办法》），就中央对地方专项转移支付的设立和调整、预算编制、绩效管理等作出详细规定。

## 二、市场经济国家及新兴市场经济国家专项转移支付的经验与启示

我国现行转移支付体系是在 1994 年分税制改革之后才逐步建立起来的，

与西方发达市场经济国家很早建立并经长期改革实践而趋于完善的转移支付体系相比，仍需要不断改革完善。借鉴市场经济国家及新兴市场经济国家专项转移支付改革实践，可以为我国专项转移支付改革提供若干经验与启示。

**（一）主要做法**

1. 美国。美国是联邦制国家，联邦政府对各州、地方政府的转移支付包括三类：分类拨款、整块拨款和一般财政援助。其中，分类拨款和整块拨款都是有条件的转移支付，相当于我国的专项转移支付，一般财政援助属于一般性转移支付。在美国转移支付制度中，联邦政府几乎没有以下级政府财力均衡为目标的一般性转移支付，而全部是专项转移支付，并且州对地方政府也以专项转移支付为主，以实现个人平等而非下级政府平等提供公共服务，大部分资金主要用于直接支持低收入人群。

2. 德国。德国的转移支付以均等化效用较强的一般性转移支付为主，专项转移支付比重并不大，约占德国联邦支出总额的15%。专项转移支付分为联邦对州的专项转移支付和州对地方的转移支付两个层面。联邦政府专项转移支付被限定用于对各州的法定事权提供资助，不允许委托性事权提供专项转移支付。支付的范围主要包括：一是需要联邦和州协力承担的共同事务。二是有关教育发展长远计划和科学研究与创新方面。三是跨越不同州的公共交通设施建设。四是地方的大型基础设施建设。而州政府对地方政府的转移支付制度并没有统一的标准，均依照实际财政情况对地方政府的特殊需求进行专项转移支付。

3. 日本。日本转移支付主要有：一是中央不指定用途的一般性转移支付，或称地方交付税。二是中央限定用途的特定拨款，或称国库支出金，类似我国专项转移支付，两类所占比重相差不大，均接近50%。根据日本法律及经费的性质，国库支出金主要分为三种：一是基于中央与地方政府共同责任，作为责任人的中央政府向作为项目实施主体的地方政府所支付的国库负担金。二是中央政府为推进特定政策，采取鼓励措施而向地方自治体拨付的国库补助金。三是基于方便性、效率性原则将本应由中央负责的事务委托给地方政府时需要由中央支付的国库委托金。通常，国库支出金的60%为负担金，40%为补助金和委托金。

### （二）经验与启示

总结市场经济国家及新兴市场经济国家专项转移支付制度，尽管其起源与演进过程不同，目标与制度规定有差异，但其在法律法规、支出责任、监督管理方面仍然呈现出若干共性特点，值得我们学习和借鉴。

1. 健全专项转移支付法律法规。为确保专项转移支付有法可依，需要建立起包括法律、法规、部门规章在内的完善的法律体系。中央可通过将现行制度上升为法律，完善财政转移支付法律法规；省级可结合省情实际制定适合本省的地方法规，确保专项转移支付落到实处；部门可制定部门规章，对具体事宜作出明确界定，尽可能减少过程中的不确定性。

2. 明确各级政府的事权和财权。完善事权划分，可由全国人大立法确定中央和地方政府间事权和支出责任范围，省级立法机关制定地方性法规明确省级和省以下政府间事权和支出责任范围，确保事权既不下放也不上推。完善财权分配，重点是进一步深化财税体制改革，尤其是加快完善地方税体系。

3. 合理确定专项转移支付比重。《国务院关于深化预算管理制度改革的决定》明确要求，逐步将一般性转移支付占比提高到60%以上。即专项转移支付占比须降低到40%以下。适度降低专项转移支付的比重，既要避免转移支付占比太高导致矫枉过正现象，又不能因专项转移支付占比过低而失去中央政府宏观调控功能，影响国家宏观发展战略目标实现。

4. 科学界定专项转移支付标准。制定专项转移支付标准，既要基于各类专项转移支付的特定目的实现，又要以自然地理、人口规模、经济实力、社会发展、生态环境、民族宗教文化以及其他不易受人为控制的可反映各地收入能力和支出需要的客观因素来确定各地的资金需求水平，还应考虑自然灾害、社会动荡等偶然性因素导致资金需求增加情况，以此减少专项转移支付的盲目性和随意性。

5. 实施专项转移支付全面监管。发达市场经济国家专项转移支付的监督机构、监督手段、监督环节等存在差异，但都有完善的监督体系，对专项转移支付资金的分配、使用等过程实施严密的监督，确保专项转移支付科学规范。

## 三、当前四川省专项转移支付的管理及存在的问题

按照新《预算法》有关规定，围绕建立现代财政制度，以推进地区间基本公共服务均等化为主要目标，四川省人民政府不断深化改革、完善制度，切实采取措施加强专项转移支付管理，进一步提高财政资金绩效。

### （一）专项转移支付的管理措施和成效

1. 建章立制。为规范专项转移支付管理，2013 年以来，四川省人民政府先后印发《关于深化省级财政专项资金管理改革的通知》（川府发〔2013〕53 号）、《四川省人民政府印发关于进一步加强财政资金管理规定的通知》（川府发〔2014〕55 号）、《关于改革完善省对下转移支付制度的意见》（川府发〔2015〕35 号）、《省对下专项转移支付管理办法》（川财预〔2017〕41 号），初步构建起分类管理、控制有力的制度体系。

2. 清理整合。通过取消、归并、调整等措施，加大力度清理专项转移支付资金，并围绕党委、政府重大决策部署，重新梳理界定资金使用方向，确保预算安排集中向最急需、最重要、最有效的领域倾斜。同时，规范专项转移支付设立，做到“三个必须”，即新设立的专项转移支付必须有明确的法律、行政法规、国务院或者省政府规定作为依据，必须有明确的绩效目标、资金需求、资金用途、分配方法、主管部门和职责分工，必须有明确的实施期限，且实施期限一般不超过 5 年。通过规范，省级专项转移支付项目由 2013 年的近 600 项，减少到 2018 年的 98 项，减少超八成，有效解决了专项转移支付设立“小、散、乱”，资金分配“撒胡椒面”的问题，财政资金的聚集效应充分体现。

3. 规范分配。四川省专项转移支付资金分配采取因素法、项目法、因素法与项目法相结合、据实据效等绩效分配方法。其中，除全省重大工程、跨省或跨市（州）的投资项目以及外部性强的重点项目外，省对下专项转移支付分配一般以因素法为主。目前，省级专项转移支付采取因素法分配的，主要选取了自然、经济、社会、绩效等客观因素，并赋予相应的权重或标准；基本建设、基础设施建设及其他重大项目资金通过项目法进行分配的，主要采取竞争性评审的方式，通过发布公告、第三方评审、集体决策等程序择优分配资金；直接补助类民生项目、政府购买服务、以奖代补等资金采取据实

据效分配的，依据政策规定的补助范围和补助标准，或依据政府购买需求或项目绩效目标、实施效果或实际贡献等，据实据效分配资金。

4. 优化结构。合理界定省对市县专项转移支付范围，优化转移支付结构，提高一般性转移支付比重，确保省对下专项转移支付预算总体增长幅度低于一般性转移支付预算总体增长幅度。将专项转移支付分为委托类、共担类、引导类、救济类、应急类，对应事权和支出责任，实施分类补助。完全属于市县支出责任的机构运行经费及一般性工作经费、自行出台的民生政策、自行规划的基础设施建设和产业发展项目等，省级不安排专项转移支付，通过一般性转移支付支持市县。

5. 转变方式。在整合专项转移支付资金，优化转移支付结构的基础上，按照省委要求，着力转变财政支持发展方式，逐步改变行政性分配方式，减少直接补助、事前补助。适合采用基金模式的产业发展资金，调整为建立产业发展投资引导基金，实行市场化运作；适合间接补助模式的产业发展资金，主要采取贴息、担保、分险等方式纳入财政金融互动政策体系；适合采取 PPP 模式的基础设施建设项目，政府资金由“补建设”改为“补运营”，突出市场配置资源的决定性作用，发挥财政资金杠杆作用，引导企业、社会资金和金融资本加大对实体经济特别是创新创业的投入力度。

6. 强化绩效。强化专项转移支付资金绩效管理，建立健全专项转移支付定期评估机制和项目调整、退出机制。逐步探索实施重点项目事前评审、绩效目标预算执行中期评估和项目支出事后评价等工作机制，进一步提高财政资金的使用绩效。事前评审方面，年度预算安排前，组织专家对重点项目进行评审，剔除项目预算申报中的不合理支出，挤出项目预算编制水分，有效促进项目预算编制的准确性和规范性。中期评估方面，每年 10 月，所有省级部门（单位）对包括中央补助、省级财政预算安排等在内的项目资金进行逐一评估论证，对确定当年不能执行完毕的项目预算提出调整建议，让财政资金及早发挥使用效益。事后评价方面，年度预算执行完毕，深入推进项目支出的绩效评价工作和竣工财务决算项目评审，及时将评价结果反馈给被评价单位，督促问题整改。

7. 严格监管。构建包括人大监督、财政监督、审计监督、社会监督的多层次全方位监督机制，加大监督检查和信息共享力度，确保财政专项转移支付资金安全，充分发挥资金使用效益。年中，按规定、按程序向人大报告转移支付资金规模、管理办法、分配结果，主动接受人大监督。采取定期与不定期相结合，自查与专项督查相结合的“双结合”方式，加大财政监督检查力度。同时，全省各级积极探索引入社会组织等第三方力量参与监督，大力推进项目申报环节信息公开和专项转移支付预算分地区、分项目公开。目前，四川省省本级主动公开了所有专项转移支付年度分地区情况及说明，切实增强了专项转移支付资金的透明度，确保财政资金分配有度、运行有序、使用有效。

综上所述，通过一系列具体措施的实施，四川省专项转移支付管理取得较大成效。一是随着专项转移支付资金分配范围的逐年扩大，分配重点的逐步明晰，地区间基本公共服务均等化水平逐步提高，基层保障能力不断增强，资金管理效率不断提高，最大程度地满足了社会共同需要，为全省经济发展提供了巨大的财力保障。二是专项转移支付提前下达的规模比例逐步增加，市县安排项目的时间更加充裕，预算编制更加完整、更加细化。三是获得专项转移支付的多少，不再是“跑”出来的，而是按照科学规范的分配办法和客观数据统一“算”出来的，有效防止了“跑部钱进”现象的发生，资金分配规范性不断提高。

### （二）当前四川省专项转移支付管理存在的主要问题

1. 事权划分不够清晰。由于目前政府间事权和支出责任划分较为模糊，转移支付制度的设立与政府间事权划分相关性较弱，政策目标不够明确，转移支付体系也较为零乱。现行转移支付制度体系，实际上是渐进改革的产物，许多项目的设立与改革中政府的政策导向紧密衔接，分类不够明细，针对性和协调性不够强，专项转移支付设立的主观性、随意性较大，制度机制的传导不易形成合力。

2. 转移支付结构不够合理。近年来一般性转移支付比重的提升，主要是将教育、社会保障等部分专项转移支付调整为具有特定用途的一般性转移支付，形不成可统筹的财力，弱化了一般性转移支付功能。对上级政府下达的转移支付有明确具体补助对象及补助金额的，下级政府财政部门一般会按照上级要求直接分配下达，无法统筹用于当地经济社会发展急需资金支持的其他领域。

3. 清理整合和分配的质量不高。部分专项转移支付整合形式大于实质，存在“大项套小项”、变相增设专项等问题，个别整合后的专项转移支付实际分解为若干个具体事项，大多仍按原渠道原办法分配。专项转移支付分配不规范不严格，程序环节多、管理链条长，“小、散、乱”情况仍然存在。将有限的资金分散使用，许多专项转移支付项目所得到的实际资金量与所需资金量差距较大，达不到应有的规模效果，使资金难以统筹安排合理配置，不可避免地出现分散、浪费和低效益现象。

4. 资金管理权力分散。专项转移支付资金的设立和分配往往先由业务主管部门提出意见，然后送财政部门审核，客观上业务主管部门主导了实际分配权，利益格局固化，财政部门难以对资金的分配与使用进行强有力的介入。财权的过于分散、部分的利益分割等造成项目设立各自为政、各行其是；多个部门参与资金分配和管理，造成部门多头管理、多渠道分配，地方政府多头申报、重复要钱。2017 年省对市（州）的 104 项专项转移支付，有 44 个部门参与分配，每个部门中又涉及数个单位、处室，“碎片化、部门化”的情况凸显。由于项目涉及面广，省级部门很难全面掌握了解地方需求，导致一些专项转移支付项目计划与地方实际需求脱节，可能出现偏离目标、脱离实际、过度超前等问题，地方政府又无法结合实际做必要调整和统筹安排，造成转移支付效率不高和资金损失。

5. 项目库的基础支撑作用未完全发挥。专项转移支付的管理核心是滚动的项目库，主要目的是通过预算项目的事前储备做强项目支撑，促进有效投资、增强可持续发展能力。但由于目前四川省的项目管理尚缺乏严格的筛选、论证制度，项目储备的随意性大、储备量不够，且下级与上级财政间的项目信息并未互联，项目库没有真正实现“分级关联、滚动管理、动态调整”，无法为科学决策和有效监督提供及时可靠的参考依据。

6. 监管体系不够健全。由于资金使用涉及的部门多，财政部门内部尚未建立权威的统计体系和统一集中的监管体系，各自为政、各行组织的检查格局既使监管留下许多“空挡”，又加大了成本支出。在省管县财政体制下，由于市州财政部门未被赋予强有力的监管职能与手段，其“边缘化”的倾向已十分明显。另外，近年来，随着金财工程的逐步建立完善，财政资金监管在技术层面得到有力支持，但由于省与市、县还未真正建立起数据共享的大平台体系，专项转移支付资金拨付及使用情况不能得到及时的信息反馈，技术支撑不足，依靠信息系统的监管手段尚显乏力。

## 四、建立科学高效的专项转移支付体系的措施建议

### （一）明确基本原则

1. 权责明晰，优化结构。按照财税体制改革部署，继续优化一般性和专项转移支付结构，在进一步扩大转移支付规模的同时，逐步扩大一般性转移支付和定向财力转移支付规模，进一步提高一般性转移支付比重，确保一般性转移支付增幅高于专项转移支付增幅，强化地方财政自主权。

2. 严谨论证，规范设立。借鉴西方发达国家财政专项转移支付先进经验，紧密结合国情、省情和财政体制现状，规范专项转移支付项目设立，严格设立依据和标准，归并重复、绩效不高的项目，减少竞争性领域转移支付支出规模，做到项目精准、领域完善，切实提高资金使用绩效。

3. 加强管理，科学分配。完善项目库管理的量化指标和信息化手段，严格专项转移支付绩效分配方式，及时修订完善资金管理办法，提高客观因素对资金分配的权重，强化专项转移支付资金分配的科学性、客观性和合理性。

4. 与时俱进，动态调整。随着社会的发展变化，各个专项转移支付原有的分配办法、公式、因素、权重等指标可能不能适应国情、省情和地方财政发展的变化。为适应各地财权事权的变化，应紧密结合专项转移支付资金使用绩效考评结果，逐步改变、削减、取消资金使用率低的专项转移支付，及时调整一般性转移支付支出功能科目，建立起与时俱进的转移支付动态调整机制。

### （二）理顺功能定位

按照“投向集中、重点突出，控制有力、结构优化，分配科学、管理有序”的管理思路，将专项转移支付主要应用于经济效益低但又需要政府投入的公共服务项目及领域，严格项目设立，强化资金分配使用过程控制，切实提高专项转移支付资金的使用绩效。

### （三）相关措施建议

1. 加快政府间事权与支出责任划分及政府间收入划分改革。2016 年，

国务院对政府间支出责任划分作出了总体安排部署并出台了相关规划文件，但从具体内容上看，中央此次的安排部署仍然侧重于总体性、原则性方面，具体的指导性、操作性还不够强。建议中央尽快启动分领域政府间事权和支出责任划分改革，对各领域的中央事权、中央委托事权、中央和地方共同事权、地方事权分别予以明确，尽快形成事权和支出责任划分的清晰框架，将国务院的有关精神落到实处，并根据实际情况适当调整分税制体制，提高地方政府收入，为地方政府促进公共服务均等化提供更多的财力保障。

2. 继续清理、整合专项转移支付项目。列入专项转移支付的项目应是具有外溢性、突发性、特殊性、非固定性等特征的项目。对到期项目、市场竞争机制能够有效调节的项目以及按照新形势不需要设立的项目予以取消；对政策目标接近、资金投入方向类同、资金管理方式相近的项目予以整合，逐步建立健全专项转移支付项目调整、退出机制。每一项专项转移支付资金的设立、审批和分配，都要做到有合理明确的分配依据和绩效目标。对保留的专项转移支付项目，建立项目库等，科学化、规范化管理，对照实施效果、边际效用递减等因素，合理确定项目库的实施顺序。同时，明确专项设置的宏观经济调控职能和阶段性，对每年数额固定、需要永久保留的专项调整列入一般性转移支付。严格控制并逐步降低省对市县的专项转移支付资金比重，弱化部门利益对政策设计的影响，强化财政部门对资金管理的主导权，增强市县政府在财力安排上的统筹调控能力，促进地区间基本公共服务均等化。

3. 探索建立专项转移支付目录式管理模式。现有专项转移支付项目种类繁多，很多资金都有单独的资金管理办法，不利于专项转移支付的规范化运行管理和监督，造成了一定程度的资源浪费。建议从中央层面出台统一的专项转移支付目录，对现有和新增转移支付项目进行目录式管理，规范大类项目的资金管理办法，依照“动态调整、及时完善”的原则进一步提高专项转移支付管理的规范性。

4. 加强项目库信息技术管理手段。基于“财政管理信息化大平台”建立全省大集中管理模式的预算管理系统，搭建上下级财政信息系统通路，提高预算管理科学化、精细化管理水平。完善项目库管理信息系统，严格按要求设定项目绩效目标，规范项目立项审批程序。淡化项目年度标识，回归

“库”的存储功能，使项目库真正做到年度间滚动管理。

5. 健全专项转移支付绩效及监督管理制度。专项转移支付涉及的项目众多，内容细密、资金量大，产出结果不仅包括经济效益，而且还涉及社会效益，有些项目支出不仅需要评价短期效益，而且还应重视长期效益，导致财政转移支付绩效评价较为复杂，资金监管任务较重。建议中央及各级地方政府健全专项转移支付分类绩效评价制度，对照前文类别分别设置专项转移支付评价标准及体系，加强专项转移支付绩效评价，强化评价结果运用。对于绩效评价结果和资金分配使用情况，都应当主动向社会公开，接受社会监督检查。

# 第八分报告　基于财政事权和支出责任划分视角下的专项转移支付制度研究

黑龙江省财政厅课题组

合理的事权和支出责任划分、科学的专项转移支付制度是“建立权责清晰、财力协调、区域均衡的中央和地方财政关系”的前提条件。本文通过分析我国专项转移支付制度的发展和现状以及专项转移支付制度存在的问题和原因，进而以财政事权和支出责任划分改革为逻辑起点，从三个方面提出了建立科学高效的专项转移支付体系的对策建议：一是明确政府与市场的边界，分类逐步取消竞争性领域专项；二是明晰政府间财政事权和支出责任划分，优化转移支付结构；三是推广“大专项 + 工作清单 + 集中下达”模式，整合专项转移支付，并以黑龙江省涉农资金整合为例，争取将涉农资金整合的经验推广到其他专项资金领域。

## 一、专项转移支付制度的发展和现状

### （一）专项转移支付概念的界定

转移支付分为专项转移支付和一般性转移支付（早期称为财力性转移支付）。根据《财政部关于印发中央对地方专项转移支付管理办法的通知》（财预〔2015〕230 号），中央对地方专项转移支付是指“中央政府为实现特定的经济和社会发展目标无偿给予地方政府，由接受转移支付的政府按照中央政府规定的用途安排使用的预算资金”。现存的某些规定了用途或地方配套要求的一般性转移支付，实际上属于专项转移支付。

### （二）专项转移支付制度在我国的历史沿革

1. 专项转移支付制度日益健全。1994—1999 年，我国专项转移支付资金分配主要以“地方申报—央地谈判—领导批示”为主。2000年，财政部出台了《中央对地方专项拨款管理办法》（财预〔2000〕128号），明确“财政部与中央主管部门共同管理分配的专项拨款，申请专项拨款的报告由各省、自治区、直辖市、计划单列市财政厅（局）和地方主管部门联合报送财政部和中央主管部门”，在程序上赋予主管部门参与分配专项资金的权利。经过多年不断探索，专项转移支付制度逐渐完善，分配方式逐渐由初期的“基数法”为主过渡到“因素法”为主。同时，资金监管日趋严格，监督检查的范围和比例也逐渐扩大（王广庆，2011）。

2. 专项转移支付的规模逐年增长。2006—2010年（“十一五”时期），中央对地方专项转移支付由4634亿元增长到13829亿元，年均增长30.55%；2011—2015年（“十二五”时期），中央对地方专项转移支付由17484亿元增长到21571亿元，年均增长9.3%，呈现出规模逐年递增，增长速度趋缓的特点（见表8-1）。

**表8-1　2006—2015年中央对地方专项转移支付情况表（规模）**　单位：亿元,%

| 年度 | “十一五”时期 | | | | | | “十二五”时期 | | | | | |
|---|---|---|---|---|---|---|---|---|---|---|---|---|
| | 2006 | 2007 | 2008 | 2009 | 2010 | 年均增长率 | 2011 | 2012 | 2013 | 2014 | 2015 | 年均增长率 |
| 资金规模 | 4634 | 6187 | 9397 | 11755 | 13929 | 30.55 | 17484 | 18886 | 18509 | 18936 | 21571 | 9.3 |

数据来源：财政部预算司地方处：《2015年地方财政运行分析》。

3. 专项转移支付占转移支付的比重逐步下降。2006—2010年（“十一五”时期），中央对地方专项转移支付占总转移支付的比重从48%增长到51.4%，专项转移支付一直占总转移支付的一半左右。从2011年开始，专项转移支付的比重逐渐下降，到2015年下降到42.7%（见表8-2）。

**表8-2　2006—2015年中央对地方专项转移支付情况表**　单位：亿元,%

| 年度 | 2006 | 2007 | 2008 | 2009 | 2010 | 2011 | 2012 | 2013 | 2014 | 2015 |
|---|---|---|---|---|---|---|---|---|---|---|
| 合计 | 9659 | 13204 | 17888 | 22832 | 27077 | 35799 | 40406 | 42599 | 45502 | 50502 |
| 专项转移支付 | 4634 | 6187 | 9397 | 11755 | 13929 | 17484 | 18886 | 18509 | 18936 | 21571 |
| 一般性转移支付 | 5025 | 7017 | 8491 | 11077 | 13148 | 18315 | 21520 | 24090 | 26566 | 28931 |
| 专项占比 | 48.0 | 46.9 | 52.5 | 51.5 | 51.4 | 48.8 | 46.7 | 43.4 | 41.6 | 42.7 |

数据来源：财政部预算司地方处：《2015年地方财政运行分析》。

4. 专项转移支付项目结构从经济建设领域向民生领域转变。2006 年支出科目改革前，支出功能分类科目有 19 项，其中直接支持经济建设或企业发展的有：基本建设、企业挖潜改造、增拨企业流动资金、政策性补贴、政策性价格补贴支出等 5 项。据资料统计，1994 年用于政策性价格补贴的专项资金占 51%，到 2005 年下降到 6%，企业挖潜改造资金从 3% 下降到零（王广庆，2011）。改革以后，支出功能科目变为包括一般公共服务、外交、国防、公共安全、教育、科学技术等 26 项。从改革前后的科目可以看出，2006 年改革前，专项转移支付项目重点放在经济建设领域，充分体现了经济建设型财政；2006 年以后，专项转移支付的重点转向了公共服务，公共财政支出体系日益完善（赵云旗，2014）。

### （三）财税体制改革后专项转移支付的制度建设

2013 年，党的十八届三中全会将深化财税体制改革确定为全面深化改革的重要任务之一。明确要求“清理、整合、规范专项转移支付项目，逐步取消竞争性领域专项和地方资金配套，严格控制引导类、救济类、应急类专项，对保留专项进行甄别，属地方事务的划入一般性转移支付”。2014 年，新修订的《预算法》第十六条规定“按照法律、行政法规和国务院的规定可以设立专项转移支付，用于办理特定事项。建立健全专项转移支付定期评估和退出机制。市场竞争机制能够有效调节的事项不得设立专项转移支付”。国务院及财政部相继出台了《国务院关于深化预算管理制度改革的决定》（国发〔2014〕45 号）、《国务院关于改革和完善中央对地方转移支付制度的意见》（国发〔2014〕71 号）、《财政部关于印发中央对地方专项转移支付管理办法的通知》（财预〔2015〕230 号）等文件，对转移支付制度改革提出了明确的要求，这些法律法规和规章制度引领了当前和今后一段时间我国转移支付制度改革的方向。

## 二、专项转移支付制度存在的问题

### （一）专项转移支付项目分散化、碎片化

从我国专项转移支付项目情况看，涉及人员经费、公用经费等各方面，几乎面面俱到；覆盖教育、卫生、农林水利、公检法、环境保护等各领域，内容上包罗万象。其中，涉农专项资金百余项，涉及农业生产、流通加工等

5大类，资金投入量大，生产资料消耗多，取得的效果却不明显。我国年均农药化肥投入量是美国、巴西和印度三国的总和，但土地污染严重，农产品质量不高，农产品价格普遍高于国际市场，缺乏竞争力，针对农民的粮食直补没有实现提高劳动生产率的初衷，在历史时期存在的“能繁母猪”、“家电下乡”等补贴干扰了以价格调节资源配置的市场机制；涉及医疗卫生体制改革的专项资金，补贴对象涵盖了医疗机构和居民供需双方，对医疗机构的补贴弱化了供方的市场竞争意识，“看病贵、看病难”的问题没有从根本上得到解决，还增加了财政负担。

### （二）专项转移支付配套要求过多

由于专项配套政策缺乏规范的设计程序和统一政策，一些部门出台的配套要求、配套项目仍然较多，使地方陷入不配套“违规”、配套“违法”的两难境地。地方配套不到位违反了中央部委的相关规定和要求，足额安排配套资金又将冲击年初预算确定的支出方向，产生挤占其他支出的现象，调整预算也难以通过人大审议和批准。如果年初按一定规模预留配套资金，既难以落实到具体项目，也违反了预算真实性的原则。因此，配套过多影响财政困难地区的年度预算平衡，极易引发地方负债配套、虚假配套和挪用资金，增加财政风险。

### （三）带有专项性质的一般性转移支付偏多

从中央下达的一般性转移支付内部结构分析，教育、社保、公共安全等项目带有专项性质，调整工资、农村税费改革等项目资金使用方向已经固化，地方真正能够自主支配的转移支付占比低。

### （四）与财政事权和支出责任划分改革脱节

目前，财政事权和支出责任划分改革刚刚起步，中央与地方财政事权和支出责任划分不尽合理，一些本应由中央直接负责的事务交给地方承担，导致专项设置过多；一些本应由地方负责的事务，中央承担过多，挤占一般性转移支付可分配资金；中央与地方共同承担的财政事权过多，专项转移支付的分配规则、比例设置不尽合理。同时，经济建设型财政逐渐向公共财政过渡，但政府与市场的边界仍未完全划分清晰，有一些专项转移支付仍然带有竞争性性质，阻碍了市场的公平竞争秩序。

## 三、建立科学高效的专项转移支付体系的对策建议

建立科学高效的专项转移支付制度，既要从转移支付制度本身进行改革，更要从影响转移支付结构的根源出发。通过政府间财政事权和支出责任的合理划分，进而完善政府间财政关系，相应调整转移支付结构，形成财力和事权相匹配的财政体制。

### （一）明确政府与市场的边界，分类逐步取消竞争性领域专项

政府与市场边界清晰是政府间支出责任划分的前提，政府职能必须有限并可把握。当前，我国正处于“三期叠加”阶段，社会主义市场经济体制尚未完全成熟，既要充分发挥市场在资源配置中的决定性作用，又要坚持积极的财政政策，引导企业去产能、去库存、降成本，支持技术创新，支持转型发展。

1. 对于充分竞争市场领域和不符合国家政策方向的市场领域，应坚决取消专项。凡是已经形成充分竞争的市场或通过竞争机制能够有效调节的专项应坚决取消；对因价格改革、宏观调控等而配套出台的竞争性领域专项，应明确执行期限，并建立适时退出机制；对不符合国家政策方向、与“三去一降一补”相悖、技术淘汰落后、资源消耗量大的市场领域，应坚持取消专项支持，让企业在市场竞争中自然淘汰。

2. 对于符合创新驱动发展战略的市场领域，应充分发挥财政的杠杆作用。地区的转型发展关键要靠企业，尤其对于计划经济进入较早、退出较晚的东北地区，受传统体制性、结构性、资源性影响，转型发展任务很重，培育新产业、创造新产能需要一个相对长期的过程。积极的财政政策应向这些地区倾斜，充分发挥财政的杠杆作用，加强政府和社会资本合作，让资质较好的企业为社会提供更好的公共服务；加强竞争性领域专项与税收优惠政策的协调，能够通过税收优惠政策扶持的，尽量采用税收优惠政策，通过降低税负等方式给予企业普惠支持，减少通过专项资金的方式给予企业扶持。

### （二）明晰政府间财政事权和支出责任划分，优化转移支付结构

党的十九大提出“建立权责清晰、财力协调、区域均衡的中央和地方财政关系”，科学划分政府间财政事权和支出责任，合理调整转移支付结构，是实现“权责清晰、财力协调、区域均衡”的必要条件。2016 年，《国务院

关于推进中央与地方财政事权和支出责任划分改革的指导意见》（国发〔2016〕49号）印发实施。按照改革时间安排，将陆续出台教育、医疗卫生、环境保护、交通运输等分领域改革方案。为推进省以下财政事权和支出责任划分改革，我们在全省财政系统范围内开展了专项调研。这里，结合调研情况，对中央和地方分领域财政事权和支出责任划分改革以及转移支付的调整给出相应的意见和建议。

1. 建议上划中央的财政事权和支出责任。按照事权划分的原则，继续加强中央在保障国家安全、维护全国统一市场、体现社会公平正义、推动区域协调发展等方面的财政事权。建议以下原由地方承担或由中央与地方共同承担的财政事权调整为中央承担的财政事权。一是义务兵优待和退役士兵安置。义务兵和士兵承担的都是国防义务，国防财政事权通过中央组织实施效率更高；同样，优抚对象抚恤的主要群体是军人及其家属，因此，建议将对应的财政事权上划中央。二是基本养老保险类（包括机关事业、企业、城乡居民基本养老保险）。按照财政事权划分信息复杂性原则，养老保险的信息复杂程度较低，容易收集，如果由地方管理，可能不利于劳动力充分流动和收入分配。另外，近年来地方企业职工基本养老保险收支缺口逐年加大，弥补缺口往往冲击地方年度预算，带来较大收支压力，因此，建议将基本养老保险类的财政事权上划中央，加快基本养老保险的全国统筹。三是教育类财政事权。无论是义务教育、高中教育、职业教育，还是高等教育，其学生都存在流动性，尤其是欠发达地区的学生毕业后向发达地区流动较多；相对而言，教师的流动性较小，学校建设也是当地基础设施建设的一部分。因此，从事权划分的受益范围原则考虑，建议事关学生类的财政事权上划中央；教师培养和学校基础设施建设类的财政事权下划地方。四是食品药品监管财政事权。目前各地食品药品监管机构设置不统一降低了食品药品监管执法的权威性和效率性；同时，监管分级负责也容易滋生地方保护主义，加之区域发展的差异性，难以实施最有效的监管。因此，建议将食品药品监管财政事权上划中央。

2. 建议调整为中央与地方共同的财政事权和支出责任。按照基本公共服务的受益范围、信息复杂程度等，建议将以下原由地方承担的财政事权调成为中央和地方共同财政事权。一是污染防治类。除噪声污染外溢性不强之外，包括空气、汽车尾气、酸雨、沙尘暴等大气防治，以及污水处理、地下水修复、江河湖泊治理等水体防治，均存在受益范围不同程度的外溢性，单纯让中央承担或地方承担，都不能充分发挥激励作用。因此，建议将除噪声污染防治外的所有污染防治类事权，都调整为中央与地方共同财政事权，根据受益范围和复杂程度确定支出责任负担比例。二是企业关闭破产补助和分离企业办社会补助，建议由原来的中央承担或中央与地方共同承担，调整为按隶属关系承担。即原中央下放的应由中央承担支出责任，省级下放的应由省级承担支出责任，市级下放的应由市级承担支出责任。

3. 建议调整中央与地方负担比例的财政事权。这类财政事权既要考虑到受益范围、信息复杂程度等，又要考虑到事权执行过程中给地方政府带来的支出压力。一是跨区域重大基础设施类。近年来，为实施“一带一路”建设国际合作，中央和各省陆续实施了多项涉铁路等跨区域重大基础设施建设项目；从目前事权和支出责任划分看，地方政府主要承担项目在本区域内的征地拆迁工作，并负担征拆资金。以哈尔滨市为例，其承担着哈齐客专、哈佳客专、哈牡客专等8个铁路项目，共需90.2亿元的征拆资金。有一些县城，即使没有途径站，也要承担途径铁路建设所带的拆迁成本。因此，对于跨区域重大基础设施建设，建议提高中央负担比例，适当减轻地方资金配套。二是棚户区改造类。考虑到北方地区受气候条件影响，房屋建造成本高，棚户区改造数量大的实际，建议根据不同地区的特点调整中央负担比例。

上述财政事权调整后，应相应调整转移支付。对调整为中央财政事权的，应取消相应的专项转移支付，由中央承担支出责任；对调整为地方财政事权的，也应取消相应的专项转移支付，通过一般性转移支付弥补地方财政事权增加带来的增支；对调整中央和地方负担比例的，专项转移支付相应增减，做到财力与事权相匹配。

### （三）推广“大专项+工作清单+集中下达”模式，整合专项转移支付——以黑龙江省涉农资金整合为例

由于中央专项转移支付严格规定了具体用途，地方难以根据实际需要调整方向，且资金下达后需要履行可研、初设、征拆、招投标等程序，影响了资金支出进度和使用效益。因此，建议中央加大专项转移支付资金统筹整合力度，对部分专项转移支付项目可以考虑由中央确定使用方向，按照“专项

下放、权力下放、责任下放”的基本原则，适时调整专项切块范围和基数，逐步深入推行“大专项 + 工作清单 + 集中下达”模式，资金砍块到省，加强对砍块资金的监督检查和绩效管理。由地方分配到具体项目，将现行的项目审批制改为项目备案制，发挥资金使用效益，提高资金支出进度，减少监管成本。

黑龙江省涉农资金整合为专项转移支付整合提供了可借鉴的经验。2013年6月，国务院批准黑龙江省开展“两大平原”现代农业综合配套改革试验。近年来，黑龙江省在国家赋予的政策框架内，深入开展了省级层面涉农资金整合先行先试。制定了《黑龙江省“两大平原”现代农业综合配套改革试验涉农资金整合实施方案》和《黑龙江省“两大平原”现代农业综合配套改革试验涉农整合资金使用管理办法》等制度文件；编制资金整合三年规划，按照“区分轻重缓急、突出关键环节、坚持量入为出”的原则，将三年试点期支持重点细化到具体年度并明确了投入规模；规范资金整合运行机制，按照“收入一个池子，支出一个口子”和“多个渠道进水、一个池子蓄水、一个龙头出水”原则，在收入环节建立了“涉农整合资金指标库”和涉农整合资金指标确认单，比照国家明确的3大类77项涉农资金整合范围，对中央下达和省级预算安排的涉农资金划转入库实施专门管理。在支出环节制定了涉农整合资金支出指标确认单，对省政府确定支持的重点项目，明确必须按照要求履行支出指标确认单审批程序后，方能进行涉农整合资金指标划转，并要求在规定时限内履行资金拨付程序。据统计，三年来，黑龙江省共整合农业生产发展、农村社会发展、扶贫开发等三大类资金931.3亿元，确保了黑龙江省“两大平原”现代农业综合配套改革各项试点任务的顺利开展，也为专项转移支付制度改革积累了经验。

# 第九分报告　建立科学高效的专项转移支付体系

重庆市财政局

转移支付制度是我国分税制财政体制的重要组成部分。自 1994 年我国进行分税制改革后，中央财政集中了一定的财力，形成了中央对地方普遍补助的格局，转移支付制度建立并逐步完善，包括税收返还、财力性转移支付和专项转移支付三部分。

专项转移支付是中央财政为实现特定的宏观政策及事业发展战略目标而设立的补助资金，重点用于各类事关民生的公共服务领域，地方财政则需按规定用途使用资金。经过多年的实践，专项转移支付在支持教育、医疗、社会保障、“三农”等公共服务领域发展方面发挥了重要的作用。随着我国专项转移支付规模的扩大，专项转移支付资金分配碎片化、使用效率低、操作不规范、缺乏监督等问题也越来越受到诟病。因此，本文拟结合重庆市实际工作情况，对专项转移支付制度改革思路做一些梳理，提出进一步完善改革的政策建议。

## 一、专项转移支付的内涵及分类

要完善当前的专项转移支付体系，首先应对其内涵进行梳理。综合近年来国内一些学者的研究，专项转移支付的内涵包括以下几个方面：

一是专项转移支付具有实现上级政府意图的功能。专项转移支付是体现上级政府意图的载体，根据各时期发展的需要，其意图可以是政治的、经济的、社会的，也可以是国防的和文化的，有时还可以是综合性的。从这个意义上讲，专项转移支付主要是解决市场失灵问题，往往带有一定的干预性，也就是说它不是一种纯粹的经济手段，也包含有若干行政性因素。

二是专项转移支付具有特定的目标。专项转移支付是为了实现上级政府特定的宏观政策意图，引导社会利益结构趋向某种均衡状态，以避免社会成员之间利益严重失衡而导致公共风险加大，防范公共危机。但具体目标（中介目标）却是多元的，具体目标不同，转移支付发挥作用的领域自然也不同。专项转移支付投入的重点由特定目标所决定，随着经济发展和社会发展的需要而变化，甚至因为发生的特殊情况而增减，不像一般性转移支付那样稳定，可以按照宏观经济形势的发展相机抉择。如灾后重建专项支出与自然灾害的发生有直接关系，环境保护、公共安全、保障性住房与近年来经济社会的发展紧密相关。

三是专项转移支付是一种有条件的补助。上级政府要求下级政府必须达到一定的标准和条件才能得到相关的转移支付。比如，我国按项目法分配到专项转移支付，地方政府要向中央有关部门提交申请项目的书面报告，项目内容要符合中央宏观调控的目标和产业发展战略。

四是专项转移支付要求专款专用。由于专项转移支付是为了实现特定的宏观调控和经济发展战略目标，与下级政府合作的项目也是具有针对性的，与一般性转移支付用于均衡地区间财力差距的功能不同，在资金的管理和使用上要严格执行上级政府转移支付的有关规定。

五是专项转移支付一般要求接收方进行资金配套。专项转移支付从国际上来看，可以分为配套补助和非配套补助两种形式，但是在大多数情况下上级政府要求有配套资金，配套资金可以是固定数额，也可以按比例配备，这是国际上普遍的做法。配套资金主要体现上级政府与下级政府的合作，共同承担提供跨区域外溢性公共产品的责任。

以政府间事权和支出范围划分为标准，现行专项转移支付方式大致分为以下四种类型：

一是属于政策导向范围的专项转移支付。上级政府在履行宏观调控职能的同时，着眼于进一步改善民生、促进均衡发展诸方面的考虑，还需要由下级政府代为行使部分调控和维护社会稳定方面的职责，于是需要安排相应的专项转移支付资金作为补偿。

二是与委托事务相伴随的专项转移支付。考虑到由下级政府具体组织实施某些事权更有助于实现既定的政策目标，上级政府有时可以将原属于自身的部分事权交由下级政府行使。随着事权的下移，上级政府会相应地安排专项转移支付资金，对相关下级政府给予补偿，从而使下级政府的财力和事权相互匹配。

三是共同事权范围内的专项转移支付。这种方式主要适用于上级与下级政府需要共同负担的事务，虽然这种公共产品位于下级政府辖区范围之内，但其在受益上却具有很强的外部性。由上级财政安排专款补助对这种外部性进行矫正，有助于调节下级政府之间的经济利益关系。

四是针对下级政府责权范围内事权的专项转移支付。通常主要用于促进偏远落后地区工作、生产、生活条件的改善，实现区域间的协调发展。

## 二、专项转移支付的国际经验

市场经济国家转移支付类别的名称差异很大，但一般可以归类为无条件的拨款、有条件的拨款、专项拨款。

一是无条件的拨款。这种转移支付是由转移支付接收方政府自由支配的资金，一般是考虑到该区域的人均财力水平低于平均数，因此也可以称为财力平衡拨款。

二是有条件的拨款。这种拨款附带一定的条件或目标，但不是具体规定，比如一般的规定只用于改善交通等基础设施或社会福利。转移支付接收方政府可以在这个大的框架内选定支出具体标准，美国称之为切块专项。

三是专项拨款。这种专项使用目的非常明确，只能用于特定的目标或项目。它实际上只是有条件的拨款的一部分，不过条件更加明确严格而已。

由此可见，专项转移支付在国外普遍实施。究其原因，首先是中央与地方财政分配关系失衡。不论联邦制和单一制，只要是集中的财政体制一般都要实施专项转移支付。如法国在高度集中的单一制政治体制下，中央政府集中了大量的财政资金，来自中央的补助成为地方政府财政收入的重要来源。除了政府间财政纵向失衡外，另一个原因是地区间的经济失衡问题。不论什么样政治体制和财政体制的国家，地区间发展总是有差距的，横向失衡在国际上也是普遍的现象。还有一个原因也是最重要的原因，就是保障实现中央政策意图，国内主要表现在加强中央政府的宏观调控。实现中央意图专项转移支付是较好的选择，因为专项转移支付是专门性的、有条件的，只有接受中央的条件地方政府才能得到补贴，因而实现中央的意图最有效。

美国、加拿大、英国以有条件的拨款为主。美国的专项拨款比重较大，加拿大切块的比重较大。美国有条件的拨款与其议会体制有关。一方面，在美国的社会发展中，不断有议案被提出来，诸如社会福利中的食品券、学生低息贷款、教师午餐券、医疗补助、单身补助等等，议案随着社会问题的增加而提出，一旦通过则需财政负担，联邦就必须对部分州提供资金。另一方面，由于美国地方政府的支出偏好是能为地方官员获得更多选票的减税等项目，而不是基本公共服务，为尽可能地遏制此种情况，此时联邦政府只有通过专项拨款来保证全国范围内最低水平公共服务的提供。

德国、澳大利亚以无条件的拨款为主。他们实行以财政均等化为主要目标的转移支付模式，以为全国居民提供相同或相近水平的公共产品和公共服务为根本目标，调节不同级次政府间的纵向转移支付和调节同级政府间的横向转移支付同时存在，其中横向转移支付制度的均等化特征更为明显。因此，他们的专项转移支付相对较少。

日本、韩国以税收上直接让与为主。此种模式实质上与无条件的拨款相近。

综上所述，世界各国在一般补助、专项补助中的比例不尽相同，这与各种约束条件相关，没有一定之规。或许，像我国这种同时存在税收返还、均衡性补助、切块专项和分项目专项的形式更好。

### 三、我国专项转移支付存在的问题

我国的专项转移支付在最近一轮改革之前，存在诸多问题，比如专项项目设置不合理、管理混乱、监督乏力，资金少、散，绩效不佳，“跑部钱进”、贫困区域无力配套等。在党的十八届三中全会出台《中共中央关于全面深化改革若干重大问题的决定》后，其中深化财税体制改革的内容就涉及专项转移支付改革，要求“清理、整合、规范专项转移支付项目，逐步取消竞争性领域专项和地方资金配套，严格控制引导类、救济类、应急类专项，对保留专项进行甄别，属地方事务的划入一般性转移支付”。2014 年，国务院又连续出台了《国务院关于深化预算管理制度改革的决定》（国发〔2014〕45 号）、《国务院关于改革和完善中央对地方转移支付制度的意见》

（国发〔2014〕71号），明确要求“要大力清理、整合、规范专项转移支付”、“严格控制新设专项”、“规范专项资金管理办法”。对此，财政部印发了《中央对地方专项转移支付管理办法》（财预〔2015〕230号），并采取了一系列措施推进了此项改革。原来学术界和基层政府反映的各种问题得到了极大的改进，受到了广泛好评。但在具体实践中，仍存在部分问题，还需持续深化改革。

**（一）中央与地方财政事权和支出责任划分还存在一些问题**

专项转移支付项目方向和规模的确定原则，与一般性转移支付以实现各地区财政均衡性原则不同，它以具体财政支出责任来进行设计和实施。但现行的中央与地方财政事权和支出责任划分还不同程度存在不清晰、不合理、不规范等问题，主要表现在：政府职能定位不清，一些本可由市场调节或社会提供的事务，财政包揽过多，同时一些本应由政府承担的基本公共服务，财政承担不够；中央与地方财政事权和支出责任划分不尽合理，一些本应由中央直接负责的事务交给地方承担，一些宜由地方负责的事务，中央承担过多，地方没有担负起相应的支出责任；不少中央和地方提供基本公共服务的职责交叉重叠，共同承担的事项较多；省以下财政事权和支出责任划分不尽规范；有的财政事权和支出责任划分缺乏法律依据，法治化、规范化程度不高。这种状况不利于充分发挥市场在资源配置中的决定性作用，不利于政府有效提供基本公共服务，不利于转移支付改革的推进，与建立健全现代财政制度、推动国家治理体系和治理能力现代化的要求不相适应。

**（二）专项转移支付项目仍有进一步整合的空间**

自《中共中央关于全面深化改革若干重大问题的决定》出台以来，财政部大力推进了专项转移支付的清理、整合工作，专项数量大幅降低，各省市也及时跟进，开展了本区域的专项转移支付改革。从效果上看，中央和地方都压缩了30%以上的专项项目，取得了不错的成效。但仍存部分大项目套小项目，小项目并未整合；也有部分功能相近专项项目可以进一步整合等问题。比如，中央层面的孤儿生活保障补助资金、流浪乞讨救助资金、困难群众生活救助补助资金，仅从字面理解，困难群众应可以包括孤儿和流浪人员等；优抚生活保障补助资金、优抚医疗保障补助资金都是针对优抚对象的补助，应可以合并。

### （三）部分专项转移支付执行绩效不佳

从设立端看，部分专项转移支付项目设置时未仔细调研评估，对实际情况预计不足，设置不够科学。从申报端看，下级政府和部门或市场主体为了更多地争取上级专项资金，利用信息不对称的机会，包装粉饰项目，甚至编报虚假项目，造成资金下达后下级财政用不出去或使用方向与原申报项目差异较大，甚至有部分企业和个人骗取专项资金。比如最近的新能源汽车制造企业的骗补案例。从后端看，有的项目缺乏信息反馈、责任追究和奖惩机制，因此预算约束力不够，执行绩效不佳。部分专项项目未随着客观形势的变化及时调整；部分专项项目设置的条件较为苛刻，申报使用不易。

## 四、重庆市专项转移支付改革的探索

重庆市作为全国面积最大、人口最多、起步最晚的直辖市，既有两级政府的高效行政构架，又兼具大城市、大农村、大山区的特殊市情。为实现全市均衡发展，一直以来我们都坚持了财力下沉的原则。特别是，在新形势下如何更好地发挥专项转移支付作用，对稳定重庆市区县发展尤为重要。为此，我们按照财政部转移支付改革的相关要求，积极推进市级专项转移支付改革。

### （一）重庆市转移支付基本情况

重庆市直辖以来，财政部门按照分税制财政管理体制要求，逐步建立了适应重庆发展需要的财政转移支付制度。目前，市对区县转移支付总量约1440亿元。其中：一般性转移支付约870亿元，主要是参照中央规定采取因素法分配，由区县统筹安排相关转移支付；专项转移支付约570亿元，主要是各部门用于落实中央和市里的重大决策、重点项目，须按照规定用途安排使用。可以看到，转移支付支撑了区县50%的支出，对贫困区县的支撑度达到了70%，促进了区县间基本公共服务的均等化。但对照中央要求和全市发展战略，重庆市专项转移支付仍然存在一些问题：一是部分项目审批较多；二是部分专项资金使用绩效还有待进一步提高。

### （二）重庆市专项转移支付改革主要做法

一是完善管理制度。以市人民政府的名义出台《关于改革和完善市对区县转移支付制度的意见》（渝府发〔2016〕10号），跟进制定市级《专项转移支付管理办法》（渝财预〔2016〕296 号），完善专项转移支付制度框架。

二是规范市级专项分配使用。在不改变部门现有专项分配权和管理权的基础上，凡区县具有信息管理优势、能够选用客观因素评价的，一律转为切块分配下达，切块下达区县专项资金占比提高到约 60%。对一个专项有多个部门使用、多项管理办法的，进行整合归并，形成每一个专项转移支付都有且只有一个资金管理办法，达到分配主体统一、分配办法一致、申报审批程序唯一等要求。

三是从严控制市级专项数量。市级专项中，同一市级主管部门的专项转移支付项目总数只减不增，近两年陆续压缩约 70 项，远超压缩 30% 的既定目标。新设专项必须提交市政府常务会议研究后确立，执行期限与中期财政规划相衔接，不得与财政收支规模、增幅或生产总值等指标挂钩。

四是明确政府与市场边界。取消“小、散、乱”、效用不明显或市场竞争机制能够有效调节的竞争性领域专项，使市场在资源配置中起决定性作用，政府更多通过购买服务、与社会资本合作、风险补偿、产业引导基金等途径予以引导支持。

五是建立名录管理和信息公开制度。固化项目名称，实行名录管理，非名录范围内的项目资金一律不予安排。在此基础上，推进转移支付预算公开。

六是健全拨付下达机制。将专项转移支付年初提前下达区县的比例提高到 70% 以上。同时，对年初下达到部门但 9 月底仍未分配的专项资金一律收回财政，统筹用于年度中急需项目。

七是健全跟踪管理机制。健全专项转移支付绩效评价体系，健全信息反馈、责任追究和奖惩机制，重点解决资金管理“最后一公里”问题，提高资金使用绩效。

### （三）专项转移支付改革的难点

专项转移支付改革是一项“牵一发而动全身”的改革，涉及政府治理的诸多环节，难点较多，需要面对一些矛盾和问题：一是对主管部门而言，虽然不改变其分配权、管理权，但原来是按项目审批，以后变成按因素切块，还要尽量提前下达，部门也可能存在短期的“不适应”；二是对区县政府而言，虽然增强了统筹能力，但如果配套制度不到位、工作责任不落实、监督管理不严格，资金绩效就无法提高，改革的初衷就难以实现。

## 五、对我国专项转移支付改革的建议

### （一）合理划分中央与地方政府的财政事权和支出责任，并匹配相应的财力

合理划分中央与地方政府的财政事权和支出责任是保证转移支付制度有效实施的基础。应按法治化规范化的方式，采取坚持有利于健全社会主义市场经济体制的路径，积极稳妥统筹推进。根据市场经济下的政府职能界定，一般来说，体现国家主权、维护统一市场以及受益范围覆盖全国的基本公共服务应完全由中央政府提供，如国防、外交、外贸管理、全国性的立法和司法、宏观经济稳定等；地方政府应提供本地居民享用的基本公共服务，包括地区性交通、警察、消防、教育、环保、地方性法律的制定和实施等；对具有跨地区"外部效应"的公共项目和工程，中央政府应在一定程度上参与，比如基础性教育、跨地区的交通设施、环保等。另外，调节地区间和居民间收入分配在很大程度上是中央政府的职责。不同的国家以及同一国家在不同的发展阶段，政府间事权的划分都会有所差别。在一段相对稳定的时期内，必须明确各级政府的事权范围，在客观条件变化时应进行动态调整，并且有必要将其上升到法律的高度。在财政事权和支出责任划分清晰后，应据此调整转移支付结构，匹配相应的支撑财力。比如，目前中央正在推进基本公共服务领域中央与地方共同财政事权和支出责任划分改革，但是纯地方事权部分如何匹配财力，也是中央在做顶层设计时应统筹考虑的。

### （二）相机调整政府间转移支付制度的目标，并根据不同目标，将各种形式的转移支付配合使用

建立规范的政府间转移支付制度的根本目标是实现地方公共服务能力或水平的大体均等。从世界各国来看，转移支付的目的只是各地政府的基本行政能力大体一致，使各地方政府在基本公共服务能力方面达到均衡，而并非要达到地区经济发展的均等，也并不意味着要达到全国人均财政收入水平的均等。从我国现实情况来看，经济发展不平衡由来已久，社会公共服务能力相差悬殊。因此，我们只能将实现社会公共服务均等化作为远期目标。就当前来说，我国转移支付的目标应为逐步调整各地区之间横向不平衡，缩小地

区间经济发展的差距，促进区域间均衡发展，确保全国各地都能提供最低标准的公共服务。鉴于我国现阶段的经济发展水平有限，地区间财政能力差距悬殊，以无条件的拨款为主，专项拨款为辅是合理的。今后，在各级财力逐步壮大的情况下，可以适当地扩大专项拨款的规模。

**（三）进一步清理、整合现有专项转移支付，把好新设关口**

清理、整合要充分考虑公共服务提供的有效性、受益范围的外部性、信息获取的及时性和便利性以及地方自主性、积极性等因素。取消专项转移支付中政策到期、政策调整、绩效低下等已无必要继续实施的项目。属于中央委托事权的项目，可由中央直接实施的，应调整列入中央本级支出。属于地方事权的项目，划入一般性转移支付。确需保留的中央与地方共同事权项目，以及少量的中央委托事权项目及引导类、救济类、应急类项目，要建立健全定期评估和退出机制，对其中目标接近、资金投入方向类同、资金管理方式相近的项目予以整合，严格控制同一方向或领域的专项数量。同时，严格控制新设专项。专项转移支付项目应当依据法律、行政法规和国务院的规定设立。新设立的专项应有明确的政策依据、政策目标、资金需求、资金用途、主管部门和职责分工。在新增专项转移支付项目设计上，应坚持以实现中央政策意图、矫正辖区间外溢效应的主要功能为导向，尽可能做到不缺位、不越位；以中长期及年度发展规划为引导，使专项转移支付服务于中长期规划目标，避免因缺少长期考虑出现“打补丁”式的支出需求过多占用可用的转移支付资源、降低资金的总体效益。

**（四）妥善解决专项转移支付改革工作中的新问题**

财政部门的每一项改革基本上都是牵一发而动全身的改革，涉及几乎所有的政府部门，涉及对固有的决策程序、利益格局、运行机制、操作模式的调整，阻力巨大。因此，为使专项转移支付改革工作进展顺利，需妥善解决各类新问题。

一是充分沟通协调，争取其他政府部门的理解与支持，减少改革阻力。

二是上级政府在研究过程中应充分征求地方政府的意见，以便出台的专项政策更符合基层实际，增强执行绩效。

三是科学设定绩效目标。同等金额的转型资金，在不同区域、不同地方，由于管理水平、物价水平、努力程度等因素差异，所能达到的效果是不同的，甚至差别很大。所以，按因素法测算分配的专项资金，在达到上级政府设定的绩效目标后，如有资金结余，至少应允许下级政府在该专项的大领域内统筹使用，甚至可统筹为财力使用。

四是加强专项转移支付预算各环节的协调。在预算环节，研究制定财政专项资金中长期滚动预算，提高编制效率。在执行环节，做好日常管理，及时拨付资金。在监督环节，将监督规则嵌入业务全流程，实现事前评估、事中控制和事后监督和追踪，推进财政专项资金内控体系建设。在绩效评价环节，完善专项转移支付绩效评价制度，引入独立第三方评价机构，提高资金使用绩效。

### （五）专项转移支付应保持适度规模

我国目前的专项转移支付在转移支付中占比名义上小于40%，与主要市场经济国家相比，我国专项转移支付占比并不高，但如加上一般性转移支付中不可统筹的教育、社保、政法等定向转移支付，专项性质的转移支付占比将提升到60%以上。之前适度降低专项转移支付的比重，增加基层政府的可统筹财力是必要的，也是要继续努力的，但也不可矫枉过正。因为不同类别的转移支付发挥着不同的作用，专项转移支付的功能是一般性转移支付不能替代的，这就是专项转移支付长期存在和各国普遍使用的合理性，也是国际上转移支付体系多元化的原因之一。地方政府在运用财力上天然有GDP倾向和人员待遇化倾向，即将财力大量用于与GDP增长高相关的项目和提高人员待遇的项目上，并不能保证地方政府将资金用于符合国家战略方向的项目和本区域短缺的公共服务上。因此，单一的一般性转移支付或者一般性转移支付占比过高，都不可能产生综合性的效果，会产生诸如国家宏观调控乏力，跨地区外溢性公共产品缺失等。甚至会产生一些负面影响，如地方政府财力的扩大容易刺激地方投资冲动，出现经济上的重复建设、盲目发展、政绩工程和政治上的离心力等。综上所述，一般性转移支付与专项转移支付都能起到均等化效果，但各有侧重，应该将两者结合起来应用，在必要时也可将定向类转移支付从一般性转移支付中独立出来。

# 第三篇　附　　录

## 中华人民共和国预算法

（2014 年修订）

### 第一章　总　　则

**第一条**　为了规范政府收支行为，强化预算约束，加强对预算的管理和监督，建立健全全面规范、公开透明的预算制度，保障经济社会的健康发展，根据宪法，制定本法。

**第二条**　预算、决算的编制、审查、批准、监督，以及预算的执行和调整，依照本法规定执行。

**第三条**　国家实行一级政府一级预算，设立中央，省、自治区、直辖市，设区的市、自治州，县、自治县、不设区的市、市辖区，乡、民族乡、镇五级预算。

全国预算由中央预算和地方预算组成。地方预算由各省、自治区、直辖市总预算组成。

地方各级总预算由本级预算和汇总的下一级总预算组成；下一级只有本级预算的，下一级总预算即指下一级的本级预算。没有下一级预算的，总预算即指本级预算。

**第四条**　预算由预算收入和预算支出组成。

政府的全部收入和支出都应当纳入预算。

**第五条**　预算包括一般公共预算、政府性基金预算、国有资本经营预算、社会保险基金预算。

一般公共预算、政府性基金预算、国有资本经营预算、社会保险基金预算应当保持完整、独立。政府性基金预算、国有资本经营预算、社会保险基金预算应当与一般公共预算相衔接。

**第六条**　一般公共预算是对以税收为主体的财政收入，安排用于保障和改善民生、推动经济社会发展、维护国家安全、维持国家机构正常运转等方面的收支预算。

中央一般公共预算包括中央各部门（含直属单位，下同）的预算和中央对地方的税收返还、转移支付预算。

中央一般公共预算收入包括中央本级收入和地方向中央的上解收入。中央一般公共预算支出包括中央本级支出、中央对地方的税收返还和转移支付。

**第七条**　地方各级一般公共预算包括本级各部门（含直属单位，下同）的预算和税收返还、转移支付预算。

地方各级一般公共预算收入包括地方本级收入、上级政府对本级政府的税收返还和转移支付、下级政府的上解收入。地方各级一般公共预算支出包括地方本级支出、对上级政府的上解支出、对下级政府的税收返还和转移支付。

**第八条**　各部门预算由本部门及其所属各单位预算组成。

**第九条**　政府性基金预算是对依照法律、行政法规的规定在一定期限内向特定对象征收、收取或者以其他方式筹集的资金，专项用于特定公共事业发展的收支预算。

政府性基金预算应当根据基金项目收入情况和实际支出需要，按基金项目编制，做到以收定支。

**第十条**　国有资本经营预算是对国有资本收益作出支出安排的收支预算。

国有资本经营预算应当按照收支平衡的原则编制，不列赤字，并安排资金调入一般公共预算。

**第十一条**　社会保险基金预算是对社会保险缴款、一般公共预算安排和其他方式筹集的资金，专项用于社会保险的收支预算。

社会保险基金预算应当按照统筹层次和社会保险项目分别编制，做到收支平衡。

**第十二条**　各级预算应当遵循统筹兼顾、勤俭节约、量力而行、讲求绩效和收支平衡的原则。

各级政府应当建立跨年度预算平衡机制。

**第十三条**　经人民代表大会批准的预算，非经法定程序，不得调整。各级政府、各部门、各单位的支出必须以经批准的预算为依据，未列入预算的不得支出。

**第十四条**　经本级人民代表大会或者本级人民代表大会常务委员会批准的预算、预算调整、决算、预算执行情况的报告及报表，应当在批准后二十日内由本级政府财政部门向社会公开，并对本级政府财政转移支付安排、执行的情况以及举借债务的情况等重要事项作出说明。

经本级政府财政部门批复的部门预算、决算及报表，应当在批复后二十日内由各部门向社会公开，并对部门预算、决算中机关运行经费的安排、使用情况等重要事项作出说明。

各级政府、各部门、各单位应当将政府采购的情况及时向社会公开。

本条前三款规定的公开事项，涉及国家秘密的除外。

**第十五条**　国家实行中央和地方分税制。

**第十六条**　国家实行财政转移支付制度。财政转移支付应当规范、公平、公开，以推进地区间基本公共服务均等化为主要目标。

财政转移支付包括中央对地方的转移支付和地方上级政府对下级政府的转移支付，以为均衡地区间基本财力、由下级政府统筹安排使用的一般性转移支付为主体。

按照法律、行政法规和国务院的规定可以设立专项转移支付，用于办理特定事项。建立健全专项转移支付定期评估和退出机制。市场竞争机制能够有效调节的事项不得设立专项转移支付。

上级政府在安排专项转移支付时，不得要求下级政府承担配套资金。但是，按照国务院的规定应当由上下级政府共同承担的事项除外。

**第十七条**　各级预算的编制、执行应当建立健全相互制约、相互协调的机制。

**第十八条** 预算年度自公历1月1日起，至12月31日止。

**第十九条** 预算收入和预算支出以人民币元为计算单位。

## 第二章 预算管理职权

**第二十条** 全国人民代表大会审查中央和地方预算草案及中央和地方预算执行情况的报告；批准中央预算和中央预算执行情况的报告；改变或者撤销全国人民代表大会常务委员会会关于预算、决算的不适当的决议。

全国人民代表大会常务委员会会监督中央和地方预算的执行；审查和批准中央预算的调整方案；审查和批准中央决算；撤销国务院制定的同宪法、法律相抵触的关于预算、决算的行政法规、决定和命令；撤销省、自治区、直辖市人民代表大会及其常务委员会会制定的同宪法、法律和行政法规相抵触的关于预算、决算的地方性法规和决议。

**第二十一条** 县级以上地方各级人民代表大会审查本级总预算草案及本级总预算执行情况的报告；批准本级预算和本级预算执行情况的报告；改变或者撤销本级人民代表大会常务委员会会关于预算、决算的不适当的决议；撤销本级政府关于预算、决算的不适当的决定和命令。

县级以上地方各级人民代表大会常务委员会监督本级总预算的执行；审查和批准本级预算的调整方案；审查和批准本级决算；撤销本级政府和下一级人民代表大会及其常务委员会关于预算、决算的不适当的决定、命令和决议。

乡、民族乡、镇的人民代表大会审查和批准本级预算和本级预算执行情况的报告；监督本级预算的执行；审查和批准本级预算的调整方案；审查和批准本级决算；撤销本级政府关于预算、决算的不适当的决定和命令。

**第二十二条** 全国人民代表大会财政经济委员会对中央预算草案初步方案及上一年预算执行情况、中央预算调整初步方案和中央决算草案进行初步审查，提出初步审查意见。

省、自治区、直辖市人民代表大会有关专门委员会对本级预算草案初步方案及上一年预算执行情况、本级预算调整初步方案和本级决算草案进行初步审查，提出初步审查意见。

设区的市、自治州人民代表大会有关专门委员会对本级预算草案初步方案及上一年预算执行情况、本级预算调整初步方案和本级决算草案进行初步审查，提出初步审查意见，未设立专门委员会的，由本级人民代表大会常务委员会有关工作机构研究提出意见。

县、自治县、不设区的市、市辖区人民代表大会常务委员会对本级预算草案初步方案及上一年预算执行情况进行初步审查，提出初步审查意见。县、自治县、不设区的市、市辖区人民代表大会常务委员会有关工作机构对本级预算调整初步方案和本级决算草案研究提出意见。

设区的市、自治州以上各级人民代表大会有关专门委员会进行初步审查、常务委员会有关工作机构研究提出意见时，应当邀请本级人民代表大会代表参加。

对依照本条第一款至第四款规定提出的意见，本级政府财政部门应当将处理情况及时反馈。

依照本条第一款至第四款规定提出的意见以及本级政府财政部门反馈的处理情况报告，应当印发本级人民代表大会代表。

全国人民代表大会常务委员会和省、自治区、直辖市、设区的市、自治州人民代表大会常务委员会有关工作机构，依照本级人民代表大会常务委员会的决定，协助本级人民代表大会财政经济委员会或者有关专门委员会承担审查预算草案、预算调整方案、决算草案和监督预算执行等方面的具体工作。

**第二十三条** 国务院编制中央预算、决算草案；向全国人民代表大会作关于中央和地方预算草案的报告；将省、自治区、直辖市政府报送备案的预算汇总后报全国人民代表大会常务委员会备案；组织中央和地方预算的执行；决定中央预算预备费的动用；编制中央预算调整方案；监督中央各部门和地方政府的预算执行；改变或者撤销中央各部门和地方政府关于预算、决算的不适当的决定、命令；向全国人民代表大会、全国人民代表大会常务委员会报告中央和地方预算的执行情况。

**第二十四条** 县级以上地方各级政府编制本级预算、决算草案；向本级人民代表大会作关于本级总预算草案的报告；将下一级政府报送备案的预算汇总后报本级人民代表大会常务委员会备案；组织本级总预算的执行；决定本级预算预备费的动用；编制本级预算的调整方案；监督本级各部门和下级政府的预算执行；改变或者撤销本级各部门和下级政府关于预算、决算的不适当的决定、命令；向本级人民代表大会、本级人民代表大会常务委员会报告本级总预算的执行情况。

乡、民族乡、镇政府编制本级预算、决算草案；向本级人民代表大会作关于本级预算草案的报告；组织本级预算的执行；决定本级预算预备费的动用；编制本级预算的调整方案；向本级人民代表大会报告本级预算的执行情况。

经省、自治区、直辖市政府批准，乡、民族乡、镇本级预算草案、预算调整方案、决算草案，可以由上一级政府代编，并依照本法第二十一条的规定报乡、民族乡、镇的人民代表大会审查和批准。

**第二十五条** 国务院财政部门具体编制中央预算、决算草案；具体组织中央和地方预算的执行；提出中央预算预备费动用方案；具体编制中央预算的调整方案；定期向国务院报告中央和地方预算的执行情况。

地方各级政府财政部门具体编制本级预算、决算草案；具体组织本级总预算的执行；提出本级预算预备费动用方案；具体编制本级预算的调整方案；定期向本级政府和上一级政府财政部门报告本级总预算的执行情况。

**第二十六条** 各部门编制本部门预算、决算草案；组织和监督本部门预算的执行；定期向本级政府财政部门报告预算的执行情况。

各单位编制本单位预算、决算草案；按照国家规定上缴预算收入，安排预算支出，并接受国家有关部门的监督。

## 第三章 预算收支范围

**第二十七条** 一般公共预算收入包括各项税收收入、行政事业性收费收入、国有资源（资产）有偿使用收入、转移性收入和其他收入。

一般公共预算支出按照其功能分类，包括一般公共服务支出，外交、公共安全、国防支出，农业、环境保护支出，教育、科技、文化、卫生、体育支出，社会保障及就业支出和其他支出。

一般公共预算支出按照其经济性质分类，包括工资福利支出、商品和服务支出、资本性支出和其他支出。

**第二十八条** 政府性基金预算、国有资本经营预算和社会保险基金预算的收支范围，按照法律、行政法规和国务院的规定执行。

**第二十九条** 中央预算与地方预算有关收入和支出项目的划分、地方向中央上解收入、中央对地方税收返还或者转移支付的具体办法，由国务院规定，报全国人民代表大会常务委员会备案。

**第三十条** 上级政府不得在预算之外调用下级政府预算的资金。下级政府不得挤占或者截留属于上级政府预算的资金。

## 第四章 预算编制

**第三十一条** 国务院应当及时下达关于编制下一年预算草案的通知。编制预算草案的具体事项由国务院财政部门部署。

各级政府、各部门、各单位应当按照国务院规定的时间编制预算草案。

**第三十二条** 各级预算应当根据年度经济社会发展目标、国家宏观调控总体要求和跨年度预算平衡的需要，参考上一年预算执行情况、有关支出绩效评价结果和本年度收支预测，按照规定程序征求各方面意见后，进行编制。

各级政府依据法定权限作出决定或者制定行政措施，凡涉及增加或者减少财政收入或者支出的，应当在预算批准前提出并在预算草案中作出相应安排。

各部门、各单位应当按照国务院财政部门制定的政府收支分类科目、预算支出标准和要求，以及绩效目标管理等预算编制规定，根据其依法履行职能和事业发展的需要以及存量资产情况，编制本部门、本单位预算草案。

前款所称政府收支分类科目，收入分为类、款、项、目；支出按其功能分类分为类、款、项，按其经济性质分类分为类、款。

**第三十三条** 省、自治区、直辖市政府应当按照国务院规定的时间，将本级总预算草案报国务院审核汇总。

**第三十四条** 中央一般公共预算中必需的部分资金，可以通过举借国内和国外债务等方式筹措，举借债务应当控制适当的规模，保持合理的结构。

对中央一般公共预算中举借的债务实行余额管理，余额的规模不得超过全国人民代表大会批准的限额。

国务院财政部门具体负责对中央政府债务的统一管理。

**第三十五条** 地方各级预算按照量入为出、收支平衡的原则编制，除本法另有规定外，不列赤字。

经国务院批准的省、自治区、直辖市的预算中必需的建设投资的部分资金，可以在国务院确定的限额内，通过发行地方政府债券举借债务的方式筹措。举借债务的规模，由国务院报全国人民代表大会或者全国人民代表大会常务委员会批准。省、自治区、直辖市依照国务院下达的限额举借的债务，列入本级预算调整方案，报本级人民代表大会常务委员会批准。举借的债务应当有偿还计划和稳定的偿还资金来源，只能用于公益性资本支出，不得用于经常性支出。

除前款规定外，地方政府及其所属部门不得以任何方式举借债务。

除法律另有规定外，地方政府及其所属部门不得为任何单位和个人的债务以任何方式提供担保。

国务院建立地方政府债务风险评估和预警机制、应急处置机制以及责任追究制度。国务院财政部门对地方政府债务实施监督。

**第三十六条** 各级预算收入的编制，应当与经济社会发展水平相适应，与财政政策相衔接。

各级政府、各部门、各单位应当依照本法规定，将所有政府收入全部列入预算，不得隐瞒、少列。

**第三十七条** 各级预算支出应当依照本法规定，按其功能和经济性质分类编制。

各级预算支出的编制，应当贯彻勤俭节约的原则，严格控制各部门、各单位的机关运行经费和楼堂馆所等基本建设支出。

各级一般公共预算支出的编制，应当统筹兼顾，在保证基本公共服务合理需要的前提下，优先安排国家确定的重点支出。

**第三十八条** 一般性转移支付应当按照国务院规定的基本标准和计算方法编制。专项转移支付应当分地区、分项目编制。

县级以上各级政府应当将对下级政府的转移支付预计数提前下达下级政府。

地方各级政府应当将上级政府提前下达的转移支付预计数编入本级

预算。

**第三十九条** 中央预算和有关地方预算中应当安排必要的资金，用于扶助革命老区、民族地区、边疆地区、贫困地区发展经济社会建设事业。

**第四十条** 各级一般公共预算应当按照本级一般公共预算支出额的百分之一至百分之三设置预备费，用于当年预算执行中的自然灾害等突发事件处理增加的支出及其他难以预见的开支。

**第四十一条** 各级一般公共预算按照国务院的规定可以设置预算周转金，用于本级政府调剂预算年度内季节性收支差额。

各级一般公共预算按照国务院的规定可以设置预算稳定调节基金，用于弥补以后年度预算资金的不足。

**第四十二条** 各级政府上一年预算的结转资金，应当在下一年用于结转项目的支出；连续两年未用完的结转资金，应当作为结余资金管理。

各部门、各单位上一年预算的结转、结余资金按照国务院财政部门的规定办理。

**第四十三条** 中央预算由全国人民代表大会审查和批准。

地方各级预算由本级人民代表大会审查和批准。

**第四十四条** 国务院财政部门应当在每年全国人民代表大会会议举行的四十五日前，将中央预算草案的初步方案提交全国人民代表大会财政经济委员会进行初步审查。

省、自治区、直辖市政府财政部门应当在本级人民代表大会会议举行的三十日前，将本级预算草案的初步方案提交本级人民代表大会有关专门委员会进行初步审查。

设区的市、自治州政府财政部门应当在本级人民代表大会会议举行的三十日前，将本级预算草案的初步方案提交本级人民代表大会有关专门委员会进行初步审查，或者送交本级人民代表大会常务委员会有关工作机构征求意见。

县、自治县、不设区的市、市辖区政府应当在本级人民代表大会会议举行的三十日前，将本级预算草案的初步方案提交本级人民代表大会常务委员会进行初步审查。

**第四十五条** 县、自治县、不设区的市、市辖区、乡、民族乡、镇的人民代表大会举行会议审查预算草案前，应当采用多种形式，组织本级人民代表大会代表，听取选民和社会各界的意见。

**第四十六条** 报送各级人民代表大会审查和批准的预算草案应当细化。本级一般公共预算支出，按其功能分类应当编列到项；按其经济性质分类，基本支出应当编列到款。本级政府性基金预算、国有资本经营预算、社会保险基金预算支出，按其功能分类应当编列到项。

## 第五章 预算审查和批准

**第四十七条** 国务院在全国人民代表大会举行会议时，向大会作关于中央和地方预算草案以及中央和地方预算执行情况的报告。

地方各级政府在本级人民代表大会举行会议时，向大会作关于总预算草案和总预算执行情况的报告。

**第四十八条** 全国人民代表大会和地方各级人民代表大会对预算草案及其报告、预算执行情况的报告重点审查下列内容：

（一）上一年预算执行情况是否符合本级人民代表大会预算决议的要求；

（二）预算安排是否符合本法的规定；

（三）预算安排是否贯彻国民经济和社会发展的方针政策，收支政策是否切实可行；

（四）重点支出和重大投资项目的预算安排是否适当；

（五）预算的编制是否完整，是否符合本法第四十六条的规定；

（六）对下级政府的转移性支出预算是否规范、适当；

（七）预算安排举借的债务是否合法、合理，是否有偿还计划和稳定的偿还资金来源；

（八）与预算有关重要事项的说明是否清晰。

**第四十九条** 全国人民代表大会财政经济委员会向全国人民代表大会主席团提出关于中央和地方预算草案及中央和地方预算执行情况的审查结果报告。

省、自治区、直辖市、设区的市、自治州人民代表大会有关专门委员会，县、自治县、不设区的市、市辖区人民代表大会常务委员会，向本级人民代表大会主席团提出关于总预算草案及上一年总预算执行情况的审查结果报告。

审查结果报告应当包括下列内容：

（一）对上一年预算执行和落实本级人民代表大会预算决议的情况作出评价；

（二）对本年度预算草案是否符合本法的规定，是否可行作出评价；

（三）对本级人民代表大会批准预算草案和预算报告提出建议；

（四）对执行年度预算、改进预算管理、提高预算绩效、加强预算监督等提出意见和建议。

**第五十条** 乡、民族乡、镇政府应当及时将经本级人民代表大会批准的本级预算报上一级政府备案。县级以上地方各级政府应当及时将经本级人民代表大会批准的本级预算及下一级政府报送备案的预算汇总，报上一级政府备案。

县级以上地方各级政府将下一级政府依照前款规定报送备案的预算汇总后，报本级人民代表大会常务委员会备案。国务院将省、自治区、直辖市政府依照前款规定报送备案的预算汇总后，报全国人民代表大会常务委员会备案。

**第五十一条** 国务院和县级以上地方各级政府对下一级政府依照本法第四十条规定报送备案的预算，认为有同法律、行政法规相抵触或者有其他不适当之处，需要撤销批准预算的决议的，应当提请本级人民代表大会常务委员会审议决定。

**第五十二条** 各级预算经本级人民代表大会批准后，本级政府财政部门应当在二十日内向本级各部门批复预算。各部门应当在接到本级政府财政部门批复的本部门预算后十五日内向所属各单位批复预算。

中央对地方的一般性转移支付应当在全国人民代表大会批准预算后三十日内正式下达。中央对地方的专项转移支付应当在全国人民代表大会批准预算后九十日内正式下达。

省、自治区、直辖市政府接到中央一般性转移支付和专项转移支付后，应当在三十日内正式下达到本行政区域县级以上各级政府。

县级以上地方各级预算安排对下级政府的一般性转移支付和专项转移支付，应当分别在本级人民代表大会批准预算后的三十日和六十日内正式下达。

对自然灾害等突发事件处理的转移支付，应当及时下达预算；对据实结算等特殊项目的转移支付，可以分期下达预算，或者先预付后结算。

县级以上各级政府财政部门应当将批复本级各部门的预算和批复下级政府的转移支付预算，抄送本级人民代表大会财政经济委员会、有关专门委员会和常务委员会有关工作机构。

## 第六章　预算执行

**第五十三条**　各级预算由本级政府组织执行，具体工作由本级政府财政部门负责。

各部门、各单位是本部门、本单位的预算执行主体，负责本部门、本单位的预算执行，并对执行结果负责。

**第五十四条**　预算年度开始后，各级预算草案在本级人民代表大会批准前，可以安排下列支出：

（一）上一年度结转的支出；

（二）参照上一年同期的预算支出数额安排必须支付的本年度部门基本支出、项目支出，以及对下级政府的转移性支出；

（三）法律规定必须履行支付义务的支出，以及用于自然灾害等突发事件处理的支出。

根据前款规定安排支出的情况，应当在预算草案的报告中作出说明。

预算经本级人民代表大会批准后，按照批准的预算执行。

**第五十五条**　预算收入征收部门和单位，必须依照法律、行政法规的规定，及时、足额征收应征的预算收入。不得违反法律、行政法规规定，多征、提前征收或者减征、免征、缓征应征的预算收入，不得截留、占用或者挪用预算收入。

各级政府不得向预算收入征收部门和单位下达收入指标。

**第五十六条**　政府的全部收入应当上缴国家金库（以下简称国库），任何部门、单位和个人不得截留、占用、挪用或者拖欠。

对于法律有明确规定或者经国务院批准的特定专用资金，可以依照国务院的规定设立财政专户。

**第五十七条** 各级政府财政部门必须依照法律、行政法规和国务院财政部门的规定，及时、足额地拨付预算支出资金，加强对预算支出的管理和监督。

各级政府、各部门、各单位的支出必须按照预算执行，不得虚假列支。

各级政府、各部门、各单位应当对预算支出情况开展绩效评价。

**第五十八条** 各级预算的收入和支出实行收付实现制。

特定事项按照国务院的规定实行权责发生制的有关情况，应当向本级人民代表大会常务委员会报告。

**第五十九条** 县级以上各级预算必须设立国库；具备条件的乡、民族乡、镇也应当设立国库。

中央国库业务由中国人民银行经理，地方国库业务依照国务院的有关规定办理。

各级国库应当按照国家有关规定，及时准确地办理预算收入的收纳、划分、留解、退付和预算支出的拨付。

各级国库库款的支配权属于本级政府财政部门。除法律、行政法规另有规定外，未经本级政府财政部门同意，任何部门、单位和个人都无权冻结、动用国库库款或者以其他方式支配已入国库的库款。

各级政府应当加强对本级国库的管理和监督，按照国务院的规定完善国库现金管理，合理调节国库资金余额。

各级政府应当加强对本级国库的管理和监督。

**第六十条** 已经缴入国库的资金，依照法律、行政法规的规定或者国务院的决定需要退付的，各级政府财政部门或者其授权的机构应当及时办理退付。按照规定应当由财政支出安排的事项，不得用退库处理。

**第六十一条** 国家实行国库集中收缴和集中支付制度，对政府全部收入和支出实行国库集中收付管理。

**第六十二条** 各级政府应当加强对预算执行的领导，支持政府财政、税务、海关等预算收入的征收部门依法组织预算收入，支持政府财政部门严格管理预算支出。

财政、税务、海关等部门在预算执行中，应当加强对预算执行的分析；发现问题时应当及时建议本级政府采取措施予以解决。

**第六十三条** 各部门、各单位应当加强对预算收入和支出的管理，不得截留或者动用应当上缴的预算收入，不得擅自改变预算支出的用途。

**第六十四条** 各级预算预备费的动用方案，由本级政府财政部门提出，报本级政府决定。

**第六十五条** 各级预算周转金由本级政府财政部门管理，不得挪作他用。

**第六十六条** 各级一般公共预算年度执行中有超收收入的，只能用于冲减赤字或者补充预算稳定调节基金。

各级一般公共预算的结余资金，应当补充预算稳定调节基金。

省、自治区、直辖市一般公共预算年度执行中出现短收，通过调入预算稳定调节基金、减少支出等方式仍不能实现收支平衡的，省、自治区、直辖市政府报本级人民代表大会或者其常务委员会批准，可以增列赤字，报国务院财政部门备案，并应当在下一年度预算中予以弥补。

## 第七章　预算调整

**第六十七条** 经全国人民代表大会批准的中央预算和经地方各级人民代表大会批准的地方各级预算，在执行中出现下列情况之一的，应当进行预算调整：

（一）需要增加或者减少预算总支出的；

（二）需要调入预算稳定调节基金的；

（三）需要调减预算安排的重点支出数额的；

（四）需要增加举借债务数额的。

**第六十八条** 在预算执行中，各级政府一般不制定新的增加财政收入或者支出的政策和措施，也不制定减少财政收入的政策和措施；必须作出并需要进行预算调整的，应当在预算调整方案中作出安排。

**第六十九条** 在预算执行中，各级政府对于必须进行的预算调整，应当编制预算调整方案。预算调整方案应当说明预算调整的理由、项目和数额。

在预算执行中，由于发生自然灾害等突发事件，必须及时增加预算支出的，应当先动支预备费；预备费不足支出的，各级政府可以先安排支出，属于预算调整的，列入预算调整方案。

国务院财政部门应当在全国人民代表大会常务委员会举行会议审查和批准预算调整方案的三十日前，将预算调整初步方案送交全国人民代表大会财政经济委员会进行初步审查。

省、自治区、直辖市政府财政部门应当在本级人民代表大会常务委员会举行会议审查和批准预算调整方案的三十日前，将预算调整初步方案送交本级人民代表大会有关专门委员会进行初步审查。

设区的市、自治州政府财政部门应当在本级人民代表大会常务委员会举行会议审查和批准预算调整方案的三十日前，将预算调整初步方案送交本级人民代表大会有关专门委员会进行初步审查，或者送交本级人民代表大会常务委员会有关工作机构征求意见。

县、自治县、不设区的市、市辖区政府财政部门应当在本级人民代表大会常务委员会举行会议审查和批准预算调整方案的三十日前，将预算调整初步方案送交本级人民代表大会常务委员会有关工作机构征求意见。

中央预算的调整方案应当提请全国人民代表大会常务委员会审查和批准。县级以上地方各级预算的调整方案应当提请本级人民代表大会常务委员会审查和批准；乡、民族乡、镇预算的调整方案应当提请本级人民代表大会审查和批准。未经批准，不得调整预算。

**第七十条** 经批准的预算调整方案，各级政府应当严格执行。未经本法第六十九条规定的程序，各级政府不得作出预算调整的决定。

对违反前款规定作出的决定，本级人民代表大会、本级人民代表大会常务委员会或者上级政府应当责令其改变或者撤销。

**第七十一条** 在预算执行中，地方各级政府因上级政府增加不需要本级政府提供配套资金的专项转移支付而引起的预算支出变化，不属于预算调整。

接受增加专项转移支付的县级以上地方各级政府应当向本级人民代表大会常务委员会报告有关情况；接受增加专项转移支付的乡、民族乡、镇政府应当向本级人民代表大会报告有关情况。

**第七十二条** 各部门、各单位的预算支出应当按照预算科目执行。严格控制不同预算科目、预算级次或者项目间的预算资金的调剂，确需调剂使用的，按照国务院财政部门的规定办理。

**第七十三条** 地方各级预算的调整方案经批准后，由本级政府报上一级政府备案。

## 第八章 决 算

**第七十四条** 决算草案由各级政府、各部门、各单位，在每一预算年度终了后按照国务院规定的时间编制。

编制决算草案的具体事项，由国务院财政部门部署。

**第七十五条** 编制决算草案，必须符合法律、行政法规，做到收支真实、数额准确、内容完整、报送及时。

决算草案应当与预算相对应，按预算数、调整预算数、决算数分别列出。一般公共预算支出应当按其功能分类编列到项，按其经济性质分类编列到款。

**第七十六条** 各部门对所属各单位的决算草案，应当审核并汇总编制本部门的决算草案，在规定的期限内报本级政府财政部门审核。

各级政府财政部门对本级各部门决算草案审核后发现有不符合法律、行政法规规定的，有权予以纠正

**第七十七条** 国务院财政部门编制中央决算草案，经国务院审计部门审计后，报国务院审定，由国务院提请全国人民代表大会常务委员会审查和批准。

县级以上地方各级政府财政部门编制本级决算草案，经本级政府审计部门审计后，报本级政府审定，由本级政府提请本级人民代表大会常务委员会审查和批准。

乡、民族乡、镇政府编制本级决算草案，提请本级人民代表大会审查和批准。

**第七十八条** 国务院财政部门应当在全国人民代表大会常务委员会举行会议审查和批准中央决算草案的三十日前，将上一年度中央决算草案提交全国人民代表大会财政经济委员会进行初步审查。

省、自治区、直辖市政府财政部门应当在本级人民代表大会常务委员会举行会议审查和批准本级决算草案的三十日前，将上一年度本级决算草案提交本级人民代表大会有关专门委员会进行初步审查。

设区的市、自治州政府财政部门应当在本级人民代表大会常务委员会举行会议审查和批准本级决算草案的三十日前，将上一年度本级决算草案提交本级人民代表大会有关专门委员会进行初步审查，或者送交本级人民代表大会常务委员会有关工作机构征求意见。

县、自治县、不设区的市、市辖区政府财政部门应当在本级人民代表大会常务委员会举行会议审查和批准本级决算草案的三十日前，将上一年度本级决算草案送交本级人民代表大会常务委员会有关工作机构征求意见。

全国人民代表大会财政经济委员会和省、自治区、直辖市、设区的市、自治州人民代表大会有关专门委员会，向本级人民代表大会常务委员会提出关于本级决算草案的审查结果报告。

**第七十九条** 县级以上各级人民代表大会常务委员会和乡、民族乡、镇人民代表大会对本级决算草案，重点审查下列内容：

（一）预算收入情况；

（二）支出政策实施情况和重点支出、重大投资项目资金的使用及绩效情况；

（三）结转资金的使用情况；

（四）资金结余情况；

（五）本级预算调整及执行情况；

（六）财政转移支付安排执行情况；

（七）经批准举借债务的规模、结构、使用、偿还等情况；

（八）本级预算周转金规模和使用情况；

（九）本级预备费使用情况；

（十）超收收入安排情况，预算稳定调节基金的规模和使用情况；

（十一）本级人民代表大会批准的预算决议落实情况；

（十二）其他与决算有关的重要情况。

县级以上各级人民代表大会常务委员会应当结合本级政府提出的上一年度预算执行和其他财政收支的审计工作报告，对本级决算草案进行审查。

**第八十条** 各级决算经批准后，财政部门应当在二十日内向本级各部门批复决算。各部门应当在接到本级政府财政部门批复的本部门决算后十五日内向所属单位批复决算。

**第八十一条** 地方各级政府应当将经批准的决算及下一级政府上报备案的决算汇总，报上一级政府备案。

县级以上各级政府应当将下一级政府报送备案的决算汇总后，报本级人民代表大会常务委员会备案。

**第八十二条** 国务院和县级以上地方各级政府对下一级政府依照本法第六十四条规定报送备案的决算，认为有同法律、行政法规相抵触或者有其他不适当之处，需要撤销批准该项决算的决议的，应当提请本级人民代表大会常务委员会会审议决定；经审议决定撤销的，该下级人民代表大会常务委员会会应当责成本级政府依照本法规定重新编制决算草案，提请本级人民代表大会常务委员会会审查和批准。

## 第九章　监　　督

**第八十三条** 全国人民代表大会及其常务委员会会对中央和地方预算、决算进行监督。

县级以上地方各级人民代表大会及其常务委员会会对本级和下级预算、决算进行监督。

乡、民族乡、镇人民代表大会对本级预算、决算进行监督。

**第八十四条** 各级人民代表大会和县级以上各级人民代表大会常务委员会会有权就预算、决算中的重大事项或者特定问题组织调查，有关的政府、部门、单位和个人应当如实反映情况和提供必要的材料。

**第八十五条** 各级人民代表大会和县级以上各级人民代表大会常务委员会会举行会议时，人民代表大会代表或者常务委员会会组成人员，依照法律规定程序就预算、决算中的有关问题提出询问或者质询，受询问或者受质询的有关的政府或者财政部门必须及时给予答复。

**第八十六条** 国务院和县级以上地方各级政府应当在每年六月至九月期间向本级人民代表大会常务委员会报告预算执行情况。

**第八十七条** 各级政府监督下级政府的预算执行；下级政府应当定期向上一级政府报告预算执行情况。

**第八十八条** 各级政府财政部门负责监督检查本级各部门及其所属各单位预算的编制、执行，并向本级政府和上一级政府财政部门报告预算执行情况。

**第八十九条** 县级以上政府审计部门依法对预算执行、决算实行审计监督。

对预算执行和其他财政收支的审计工作报告应当向社会公开。

**第九十条** 政府各部门负责监督检查所属各单位的预算执行，及时向本级政府财政部门反映本部门预算执行情况，依法纠正违反预算的行为。

**第九十一条** 公民、法人或者其他组织发现有违反本法的行为，可以依法向有关国家机关进行检举、控告。

接受检举、控告的国家机关应当依法进行处理，并为检举人、控告人保密。任何单位或者个人不得压制和打击报复检举人、控告人。

## 第十章 法律责任

**第九十二条** 各级政府及有关部门有下列行为之一的，责令改正，对负有直接责任的主管人员和其他直接责任人员追究行政责任：

（一）未依照本法规定，编制、报送预算草案、预算调整方案、决算草案和部门预算、决算以及批复预算、决算的；

（二）违反本法规定，进行预算调整的；

（三）未依照本法规定对有关预算事项进行公开和说明的；

（四）违反规定设立政府性基金项目和其他财政收入项目的；

（五）违反法律、法规规定使用预算预备费、预算周转金、预算稳定调节基金、超收收入的；

（六）违反本法规定开设财政专户的。

**第九十三条** 各级政府及有关部门、单位有下列行为之一的，责令改正，对负有直接责任的主管人员和其他直接责任人员依法给予降级、撤职、开除的处分：

（一）未将所有政府收入和支出列入预算或者虚列收入和支出的；

（二）违反法律、行政法规的规定，多征、提前征收或者减征、免征、缓征应征预算收入的；

（三）截留、占用、挪用或者拖欠应当上缴国库的预算收入的；

（四）违反本法规定，改变预算支出用途的；

（五）擅自改变上级政府专项转移支付资金用途的；

（六）违反本法规定拨付预算支出资金，办理预算收入收纳、划分、留解、退付，或者违反本法规定冻结、动用国库库款或者以其他方式支配已入国库库款的。

**第九十四条** 各级政府、各部门、各单位违反本法规定举借债务或者为他人债务提供担保，或者挪用重点支出资金，或者在预算之外及超预算标准建设楼堂馆所的，责令改正，对负有直接责任的主管人员和其他直接责任人员给予撤职、开除的处分。

**第九十五条** 各级政府有关部门、单位及其工作人员有下列行为之一的，责令改正，追回骗取、使用的资金，有违法所得的没收违法所得，对单位给予警告或者通报批评；对负有直接责任的主管人员和其他直接责任人员依法给予处分：

（一）违反法律、法规的规定，改变预算收入上缴方式的；

（二）以虚报、冒领等手段骗取预算资金的；

（三）违反规定扩大开支范围、提高开支标准的；

（四）其他违反财政管理规定的行为。

**第九十六条** 本法第九十二条、第九十三条、第九十四条、第九十五条所列违法行为，其他法律对其处理、处罚另有规定的，依照其规定。

违反本法规定，构成犯罪的，依法追究刑事责任。

## 第十一章　附　　则

**第九十七条** 各级政府财政部门应当按年度编制以权责发生制为基础的政府综合财务报告，报告政府整体财务状况、运行情况和财政中长期可持续性，报本级人民代表大会常务委员会备案。

**第九十八条** 国务院根据本法制定实施条例。

**第九十九条** 民族自治地方的预算管理，依照民族区域自治法的有关规定执行；民族区域自治法没有规定的，依照本法和国务院的有关规定执行。

**第一百条** 省、自治区、直辖市人民代表大会或者其常务委员会根据本法，可以制定有关预算审查监督的决定或者地方性法规。

**第一百零一条** 本法自 1995 年 1 月 1 日施行。1991 年 10 月 21 日国务院发布的《国家预算管理条例》同时废止。

# 中华人民共和国预算法实施条例

（1995 年 11 月 22 日中华人民共和国国务院令第 186 号发布
2020 年 8 月 3 日中华人民共和国国务院令第 729 号修订）

## 第一章　总　　则

**第一条**　根据《中华人民共和国预算法》（以下简称预算法），制定本条例。

**第二条**　县级以上地方政府的派出机关根据本级政府授权进行预算管理活动，不作为一级预算，其收支纳入本级预算。

**第三条**　社会保险基金预算应当在精算平衡的基础上实现可持续运行，一般公共预算可以根据需要和财力适当安排资金补充社会保险基金预算。

**第四条**　预算法第六条第二款所称各部门，是指与本级政府财政部门直接发生预算缴拨款关系的国家机关、军队、政党组织、事业单位、社会团体和其他单位。

**第五条**　各部门预算应当反映一般公共预算、政府性基金预算、国有资本经营预算安排给本部门及其所属各单位的所有预算资金。

各部门预算收入包括本级财政安排给本部门及其所属各单位的预算拨款收入和其他收入。各部门预算支出为与部门预算收入相对应的支出，包括基本支出和项目支出。

本条第二款所称基本支出，是指各部门、各单位为保障其机构正常运转、完成日常工作任务所发生的支出，包括人员经费和公用经费；所称项目支出，是指各部门、各单位为完成其特定的工作任务和事业发展目标所发生的支出。

各部门及其所属各单位的本级预算拨款收入和其相对应的支出，应当在部门预算中单独反映。

部门预算编制、执行的具体办法，由本级政府财政部门依法作出规定。

**第六条** 一般性转移支付向社会公开应当细化到地区。专项转移支付向社会公开应当细化到地区和项目。

政府债务、机关运行经费、政府采购、财政专户资金等情况，按照有关规定向社会公开。

部门预算、决算应当公开基本支出和项目支出。部门预算、决算支出按其功能分类应当公开到项；按其经济性质分类，基本支出应当公开到款。

各部门所属单位的预算、决算及报表，应当在部门批复后20日内由单位向社会公开。单位预算、决算应当公开基本支出和项目支出。单位预算、决算支出按其功能分类应当公开到项；按其经济性质分类，基本支出应当公开到款。

**第七条** 预算法第十五条所称中央和地方分税制，是指在划分中央与地方事权的基础上，确定中央与地方财政支出范围，并按税种划分中央与地方预算收入的财政管理体制。

分税制财政管理体制的具体内容和实施办法，按照国务院的有关规定执行。

**第八条** 县级以上地方各级政府应当根据中央和地方分税制的原则和上级政府的有关规定，确定本级政府对下级政府的财政管理体制。

**第九条** 预算法第十六条第二款所称一般性转移支付，包括：

（一）均衡性转移支付；

（二）对革命老区、民族地区、边疆地区、贫困地区的财力补助；

（三）其他一般性转移支付。

**第十条** 预算法第十六条第三款所称专项转移支付，是指上级政府为了实现特定的经济和社会发展目标给予下级政府，并由下级政府按照上级政府规定的用途安排使用的预算资金。

县级以上各级政府财政部门应当会同有关部门建立健全专项转移支付定期评估和退出机制。对评估后的专项转移支付，按照下列情形分别予以处理：

（一）符合法律、行政法规和国务院规定，有必要继续执行的，可以继续执行；

（二）设立的有关要求变更，或者实际绩效与目标差距较大、管理不够完善的，应当予以调整；

（三）设立依据失效或者废止的，应当予以取消。

**第十一条** 预算收入和预算支出以人民币元为计算单位。预算收支以人民币以外的货币收纳和支付的，应当折合成人民币计算。

## 第二章 预算收支范围

**第十二条** 预算法第二十七条第一款所称行政事业性收费收入，是指国家机关、事业单位等依照法律法规规定，按照国务院规定的程序批准，在实施社会公共管理以及在向公民、法人和其他组织提供特定公共服务过程中，按照规定标准向特定对象收取费用形成的收入。

预算法第二十七条第一款所称国有资源（资产）有偿使用收入，是指矿藏、水流、海域、无居民海岛以及法律规定属于国家所有的森林、草原等国有资源有偿使用收入，按照规定纳入一般公共预算管理的国有资产收入等。

预算法第二十七条第一款所称转移性收入，是指上级税收返还和转移支付、下级上解收入、调入资金以及按照财政部规定列入转移性收入的无隶属关系政府的无偿援助。

**第十三条** 转移性支出包括上解上级支出、对下级的税收返还和转移支付、调出资金以及按照财政部规定列入转移性支出的给予无隶属关系政府的无偿援助。

**第十四条** 政府性基金预算收入包括政府性基金各项目收入和转移性收入。

政府性基金预算支出包括与政府性基金预算收入相对应的各项目支出和转移性支出。

**第十五条** 国有资本经营预算收入包括依照法律、行政法规和国务院规定应当纳入国有资本经营预算的国有独资企业和国有独资公司按照规定上缴国家的利润收入、从国有资本控股和参股公司获得的股息红利收入、国有产权转让收入、清算收入和其他收入。

国有资本经营预算支出包括资本性支出、费用性支出、向一般公共预算调出资金等转移性支出和其他支出。

**第十六条** 社会保险基金预算收入包括各项社会保险费收入、利息收入、投资收益、一般公共预算补助收入、集体补助收入、转移收入、上级补助收入、下级上解收入和其他收入。

社会保险基金预算支出包括各项社会保险待遇支出、转移支出、补助下级支出、上解上级支出和其他支出。

**第十七条** 地方各级预算上下级之间有关收入和支出项目的划分以及上解、返还或者转移支付的具体办法，由上级地方政府规定，报本级人民代表大会常务委员会备案。

**第十八条** 地方各级社会保险基金预算上下级之间有关收入和支出项目的划分以及上解、补助的具体办法，按照统筹层次由上级地方政府规定，报本级人民代表大会常务委员会备案。

## 第三章 预算编制

**第十九条** 预算法第三十一条所称预算草案，是指各级政府、各部门、各单位编制的未经法定程序审查和批准的预算。

**第二十条** 预算法第三十二条第一款所称绩效评价，是指根据设定的绩效目标，依据规范的程序，对预算资金的投入、使用过程、产出与效果进行系统和客观的评价。

绩效评价结果应当按照规定作为改进管理和编制以后年度预算的依据。

**第二十一条** 预算法第三十二条第三款所称预算支出标准，是指对预算事项合理分类并分别规定的支出预算编制标准，包括基本支出标准和项目支出标准。

地方各级政府财政部门应当根据财政部制定的预算支出标准，结合本地区经济社会发展水平、财力状况等，制定本地区或者本级的预算支出标准。

**第二十二条** 财政部于每年6月15日前部署编制下一年度预算草案的具体事项，规定报表格式、编报方法、报送期限等。

**第二十三条** 中央各部门应当按照国务院的要求和财政部的部署，结合本部门的具体情况，组织编制本部门及其所属各单位的预算草案。

中央各部门负责本部门所属各单位预算草案的审核，并汇总编制本部门的预算草案，按照规定报财政部审核。

**第二十四条**　财政部审核中央各部门的预算草案，具体编制中央预算草案；汇总地方预算草案或者地方预算，汇编中央和地方预算草案。

**第二十五条**　省、自治区、直辖市政府按照国务院的要求和财政部的部署，结合本地区的具体情况，提出本行政区域编制预算草案的要求。

县级以上地方各级政府财政部门应当于每年6月30日前部署本行政区域编制下一年度预算草案的具体事项，规定有关报表格式、编报方法、报送期限等。

**第二十六条**　县级以上地方各级政府各部门应当根据本级政府的要求和本级政府财政部门的部署，结合本部门的具体情况，组织编制本部门及其所属各单位的预算草案，按照规定报本级政府财政部门审核。

**第二十七条**　县级以上地方各级政府财政部门审核本级各部门的预算草案，具体编制本级预算草案，汇编本级总预算草案，经本级政府审定后，按照规定期限报上一级政府财政部门。

省、自治区、直辖市政府财政部门汇总的本级总预算草案或者本级总预算，应当于下一年度1月10日前报财政部。

**第二十八条**　县级以上各级政府财政部门审核本级各部门的预算草案时，发现不符合编制预算要求的，应当予以纠正；汇编本级总预算草案时，发现下级预算草案不符合上级政府或者本级政府编制预算要求的，应当及时向本级政府报告，由本级政府予以纠正。

**第二十九条**　各级政府财政部门编制收入预算草案时，应当征求税务、海关等预算收入征收部门和单位的意见。

预算收入征收部门和单位应当按照财政部门的要求提供下一年度预算收入征收预测情况。

**第三十条**　财政部门会同社会保险行政部门部署编制下一年度社会保险基金预算草案的具体事项。

社会保险经办机构具体编制下一年度社会保险基金预算草案，报本级社会保险行政部门审核汇总。社会保险基金收入预算草案由社会保险经办机构会同社会保险费征收机构具体编制。财政部门负责审核并汇总编制社会保险基金预算草案。

**第三十一条** 各级政府财政部门应当依照预算法和本条例规定，制定本级预算草案编制规程。

**第三十二条** 各部门、各单位在编制预算草案时，应当根据资产配置标准，结合存量资产情况编制相关支出预算。

**第三十三条** 中央一般公共预算收入编制内容包括本级一般公共预算收入、从国有资本经营预算调入资金、地方上解收入、从预算稳定调节基金调入资金、其他调入资金。

中央一般公共预算支出编制内容包括本级一般公共预算支出、对地方的税收返还和转移支付、补充预算稳定调节基金。

中央政府债务余额的限额应当在本级预算中单独列示。

**第三十四条** 地方各级一般公共预算收入编制内容包括本级一般公共预算收入、从国有资本经营预算调入资金、上级税收返还和转移支付、下级上解收入、从预算稳定调节基金调入资金、其他调入资金。

地方各级一般公共预算支出编制内容包括本级一般公共预算支出、上解上级支出、对下级的税收返还和转移支付、补充预算稳定调节基金。

**第三十五条** 中央政府性基金预算收入编制内容包括本级政府性基金各项目收入、上一年度结余、地方上解收入。

中央政府性基金预算支出编制内容包括本级政府性基金各项目支出、对地方的转移支付、调出资金。

**第三十六条** 地方政府性基金预算收入编制内容包括本级政府性基金各项目收入、上一年度结余、下级上解收入、上级转移支付。

地方政府性基金预算支出编制内容包括本级政府性基金各项目支出、上解上级支出、对下级的转移支付、调出资金。

**第三十七条** 中央国有资本经营预算收入编制内容包括本级收入、上一年度结余、地方上解收入。

中央国有资本经营预算支出编制内容包括本级支出、向一般公共预算调出资金、对地方特定事项的转移支付。

**第三十八条** 地方国有资本经营预算收入编制内容包括本级收入、上一年度结余、上级对特定事项的转移支付、下级上解收入。

地方国有资本经营预算支出编制内容包括本级支出、向一般公共预算调出资金、对下级特定事项的转移支付、上解上级支出。

**第三十九条** 中央和地方社会保险基金预算收入、支出编制内容包括本条例第十六条规定的各项收入和支出。

**第四十条** 各部门、各单位预算收入编制内容包括本级预算拨款收入、预算拨款结转和其他收入。

各部门、各单位预算支出编制内容包括基本支出和项目支出。

各部门、各单位的预算支出，按其功能分类应当编列到项，按其经济性质分类应当编列到款。

**第四十一条** 各级政府应当加强项目支出管理。各级政府财政部门应当建立和完善项目支出预算评审制度。各部门、各单位应当按照本级政府财政部门的规定开展预算评审。

项目支出实行项目库管理，并建立健全项目入库评审机制和项目滚动管理机制。

**第四十二条** 预算法第三十四条第二款所称余额管理，是指国务院在全国人民代表大会批准的中央一般公共预算债务的余额限额内，决定发债规模、品种、期限和时点的管理方式；所称余额，是指中央一般公共预算中举借债务未偿还的本金。

**第四十三条** 地方政府债务余额实行限额管理。各省、自治区、直辖市的政府债务限额，由财政部在全国人民代表大会或者其常务委员会批准的总限额内，根据各地区债务风险、财力状况等因素，并考虑国家宏观调控政策等需要，提出方案报国务院批准。

各省、自治区、直辖市的政府债务余额不得突破国务院批准的限额。

**第四十四条** 预算法第三十五条第二款所称举借债务的规模，是指各地方政府债务余额限额的总和，包括一般债务限额和专项债务限额。一般债务是指列入一般公共预算用于公益性事业发展的一般债券、地方政府负有偿还责任的外国政府和国际经济组织贷款转贷债务；专项债务是指列入政府性基金预算用于有收益的公益性事业发展的专项债券。

**第四十五条** 省、自治区、直辖市政府财政部门依照国务院下达的本地区地方政府债务限额，提出本级和转贷给下级政府的债务限额安排方案，报本级政府批准后，将增加举借的债务列入本级预算调整方案，报本级人民代表大会常务委员会批准。

接受转贷并向下级政府转贷的政府应当将转贷债务纳入本级预算管理。使用转贷并负有直接偿还责任的政府，应当将转贷债务列入本级预算调整方案，报本级人民代表大会常务委员会批准。

地方各级政府财政部门负责统一管理本地区政府债务。

**第四十六条** 国务院可以将举借的外国政府和国际经济组织贷款转贷给省、自治区、直辖市政府。

国务院向省、自治区、直辖市政府转贷的外国政府和国际经济组织贷款，省、自治区、直辖市政府负有直接偿还责任的，应当纳入本级预算管理。省、自治区、直辖市政府未能按时履行还款义务的，国务院可以相应抵扣对该地区的税收返还等资金。

省、自治区、直辖市政府可以将国务院转贷的外国政府和国际经济组织贷款再转贷给下级政府。

**第四十七条** 财政部和省、自治区、直辖市政府财政部门应当建立健全地方政府债务风险评估指标体系，组织评估地方政府债务风险状况，对债务高风险地区提出预警，并监督化解债务风险。

**第四十八条** 县级以上各级政府应当按照本年度转移支付预计执行数的一定比例将下一年度转移支付预计数提前下达至下一级政府，具体下达事宜由本级政府财政部门办理。

除据实结算等特殊项目的转移支付外，提前下达的一般性转移支付预计数的比例一般不低于90%；提前下达的专项转移支付预计数的比例一般不低于70%。其中，按照项目法管理分配的专项转移支付，应当一并明确下一年度组织实施的项目。

**第四十九条** 经本级政府批准，各级政府财政部门可以设置预算周转金，额度不得超过本级一般公共预算支出总额的1%。年度终了时，各级政府财政部门可以将预算周转金收回并用于补充预算稳定调节基金。

**第五十条** 预算法第四十二条第一款所称结转资金，是指预算安排项目的支出年度终了时尚未执行完毕，或者因故未执行但下一年度需要按原用途继续使用的资金；连续两年未用完的结转资金，是指预算安排项目的支出在下一年度终了时仍未用完的资金。

预算法第四十二条第一款所称结余资金，是指年度预算执行终了时，预算收入实际完成数扣除预算支出实际完成数和结转资金后剩余的资金。

## 第四章 预算执行

**第五十一条** 预算执行中，政府财政部门的主要职责：

（一）研究和落实财政税收政策措施，支持经济社会健康发展；

（二）制定组织预算收入、管理预算支出以及相关财务、会计、内部控制、监督等制度和办法；

（三）督促各预算收入征收部门和单位依法履行职责，征缴预算收入；

（四）根据年度支出预算和用款计划，合理调度、拨付预算资金，监督各部门、各单位预算资金使用管理情况；

（五）统一管理政府债务的举借、支出与偿还，监督债务资金使用情况；

（六）指导和监督各部门、各单位建立健全财务制度和会计核算体系，规范账户管理，健全内部控制机制，按照规定使用预算资金；

（七）汇总、编报分期的预算执行数据，分析预算执行情况，按照本级人民代表大会常务委员会、本级政府和上一级政府财政部门的要求定期报告预算执行情况，并提出相关政策建议；

（八）组织和指导预算资金绩效监控、绩效评价；

（九）协调预算收入征收部门和单位、国库以及其他有关部门的业务工作。

**第五十二条** 预算法第五十六条第二款所称财政专户，是指财政部门为履行财政管理职能，根据法律规定或者经国务院批准开设的用于管理核算特定专用资金的银行结算账户；所称特定专用资金，包括法律规定可以设立财政专户的资金，外国政府和国际经济组织的贷款、赠款，按照规定存储的人民币以外的货币，财政部会同有关部门报国务院批准的其他特定专用资金。

开设、变更财政专户应当经财政部核准，撤销财政专户应当报财政部备案，中国人民银行应当加强对银行业金融机构开户的核准、管理和监督工作。

财政专户资金由本级政府财政部门管理。除法律另有规定外，未经本级政府财政部门同意，任何部门、单位和个人都无权冻结、动用财政专户资金。

财政专户资金应当由本级政府财政部门纳入统一的会计核算，并在预算执行情况、决算和政府综合财务报告中单独反映。

**第五十三条** 预算执行中，各部门、各单位的主要职责：

（一）制定本部门、本单位预算执行制度，建立健全内部控制机制；

（二）依法组织收入，严格支出管理，实施绩效监控，开展绩效评价，提高资金使用效益；

（三）对单位的各项经济业务进行会计核算；

（四）汇总本部门、本单位的预算执行情况，定期向本级政府财政部门报送预算执行情况报告和绩效评价报告。

**第五十四条** 财政部门会同社会保险行政部门、社会保险费征收机构制定社会保险基金预算的收入、支出以及财务管理的具体办法。

社会保险基金预算由社会保险费征收机构和社会保险经办机构具体执行，并按照规定向本级政府财政部门和社会保险行政部门报告执行情况。

**第五十五条** 各级政府财政部门和税务、海关等预算收入征收部门和单位必须依法组织预算收入，按照财政管理体制、征收管理制度和国库集中收缴制度的规定征收预算收入，除依法缴入财政专户的社会保险基金等预算收入外，应当及时将预算收入缴入国库。

**第五十六条** 除依法缴入财政专户的社会保险基金等预算收入外，一切有预算收入上缴义务的部门和单位，必须将应当上缴的预算收入，按照规定的预算级次、政府收支分类科目、缴库方式和期限缴入国库，任何部门、单位和个人不得截留、占用、挪用或者拖欠。

**第五十七条** 各级政府财政部门应当加强对预算资金拨付的管理，并遵循下列原则：

（一）按照预算拨付，即按照批准的年度预算和用款计划拨付资金。除预算法第五十四条规定的在预算草案批准前可以安排支出的情形外，不得办理无预算、无用款计划、超预算或者超计划的资金拨付，不得擅自改变支出用途；

（二）按照规定的预算级次和程序拨付，即根据用款单位的申请，按照用款单位的预算级次、审定的用款计划和财政部门规定的预算资金拨付程序拨付资金；

（三）按照进度拨付，即根据用款单位的实际用款进度拨付资金。

**第五十八条**　财政部应当根据全国人民代表大会批准的中央政府债务余额限额，合理安排发行国债的品种、结构、期限和时点。

省、自治区、直辖市政府财政部门应当根据国务院批准的本地区政府债务限额，合理安排发行本地区政府债券的结构、期限和时点。

**第五十九条**　转移支付预算下达和资金拨付应当由财政部门办理，其他部门和单位不得对下级政府部门和单位下达转移支付预算或者拨付转移支付资金。

**第六十条**　各级政府、各部门、各单位应当加强对预算支出的管理，严格执行预算，遵守财政制度，强化预算约束，不得擅自扩大支出范围、提高开支标准；严格按照预算规定的支出用途使用资金，合理安排支出进度。

**第六十一条**　财政部负责制定与预算执行有关的财务规则、会计准则和会计制度。各部门、各单位应当按照本级政府财政部门的要求建立健全财务制度，加强会计核算。

**第六十二条**　国库是办理预算收入的收纳、划分、留解、退付和库款支拨的专门机构。国库分为中央国库和地方国库。

中央国库业务由中国人民银行经理。未设中国人民银行分支机构的地区，由中国人民银行商财政部后，委托有关银行业金融机构办理。

地方国库业务由中国人民银行分支机构经理。未设中国人民银行分支机构的地区，由上级中国人民银行分支机构商有关地方政府财政部门后，委托有关银行业金融机构办理。

具备条件的乡、民族乡、镇，应当设立国库。具体条件和标准由省、自治区、直辖市政府财政部门确定。

**第六十三条**　中央国库业务应当接受财政部的指导和监督，对中央财政负责。

地方国库业务应当接受本级政府财政部门的指导和监督，对地方财政负责。

省、自治区、直辖市制定的地方国库业务规程应当报财政部和中国人民银行备案。

**第六十四条** 各级国库应当及时向本级政府财政部门编报预算收入入库、解库、库款拨付以及库款余额情况的日报、旬报、月报和年报。

**第六十五条** 各级国库应当依照有关法律、行政法规、国务院以及财政部、中国人民银行的有关规定，加强对国库业务的管理，及时准确地办理预算收入的收纳、划分、留解、退付和预算支出的拨付。

各级国库和有关银行业金融机构必须遵守国家有关预算收入缴库的规定，不得延解、占压应当缴入国库的预算收入和国库库款。

**第六十六条** 各级国库必须凭本级政府财政部门签发的拨款凭证或者支付清算指令于当日办理资金拨付，并及时将款项转入收款单位的账户或者清算资金。

各级国库和有关银行业金融机构不得占压财政部门拨付的预算资金。

**第六十七条** 各级政府财政部门、预算收入征收部门和单位、国库应当建立健全相互之间的预算收入对账制度，在预算执行中按月、按年核对预算收入的收纳以及库款拨付情况，保证预算收入的征收入库、库款拨付和库存金额准确无误。

**第六十八条** 中央预算收入、中央和地方预算共享收入退库的办法，由财政部制定。地方预算收入退库的办法，由省、自治区、直辖市政府财政部门制定。

各级预算收入退库的审批权属于本级政府财政部门。中央预算收入、中央和地方预算共享收入的退库，由财政部或者财政部授权的机构批准。地方预算收入的退库，由地方政府财政部门或者其授权的机构批准。具体退库程序按照财政部的有关规定办理。

办理预算收入退库，应当直接退给申请单位或者申请个人，按照国家规定用途使用。任何部门、单位和个人不得截留、挪用退库款项。

**第六十九条** 各级政府应当加强对本级国库的管理和监督，各级政府财政部门负责协调本级预算收入征收部门和单位与国库的业务工作。

**第七十条** 国务院各部门制定的规章、文件，凡涉及减免应缴预算收入、设立和改变收入项目和标准、罚没财物处理、经费开支标准和范围、国有资产处置和收益分配以及会计核算等事项的，应当符合国家统一的规定；凡涉及增加或者减少财政收入或者支出的，应当征求财政部意见。

**第七十一条** 地方政府依据法定权限制定的规章和规定的行政措施，不得涉及减免中央预算收入、中央和地方预算共享收入，不得影响中央预算收入、中央和地方预算共享收入的征收；违反规定的，有关预算收入征收部门和单位有权拒绝执行，并应当向上级预算收入征收部门和单位以及财政部报告。

**第七十二条** 各级政府应当加强对预算执行工作的领导，定期听取财政部门有关预算执行情况的汇报，研究解决预算执行中出现的问题。

**第七十三条** 各级政府财政部门有权监督本级各部门及其所属各单位的预算管理有关工作，对各部门的预算执行情况和绩效进行评价、考核。

各级政府财政部门有权对与本级各预算收入相关的征收部门和单位征收本级预算收入的情况进行监督，对违反法律、行政法规规定多征、提前征收、减征、免征、缓征或者退还预算收入的，责令改正。

**第七十四条** 各级政府财政部门应当每月向本级政府报告预算执行情况，具体报告内容、方式和期限由本级政府规定。

**第七十五条** 地方各级政府财政部门应当定期向上一级政府财政部门报送本行政区域预算执行情况，包括预算执行旬报、月报、季报，政府债务余额统计报告，国库库款报告以及相关文字说明材料。具体报送内容、方式和期限由上一级政府财政部门规定。

**第七十六条** 各级税务、海关等预算收入征收部门和单位应当按照财政部门规定的期限和要求，向财政部门和上级主管部门报送有关预算收入征收情况，并附文字说明材料。

各级税务、海关等预算收入征收部门和单位应当与相关财政部门建立收入征管信息共享机制。

**第七十七条** 各部门应当按照本级政府财政部门规定的期限和要求，向本级政府财政部门报送本部门及其所属各单位的预算收支情况等报表和文字说明材料。

**第七十八条** 预算法第六十六条第一款所称超收收入，是指年度本级一般公共预算收入的实际完成数超过经本级人民代表大会或者其常务委员会批准的预算收入数的部分。

预算法第六十六条第三款所称短收，是指年度本级一般公共预算收入的实际完成数小于经本级人民代表大会或者其常务委员会批准的预算收入数的情形。

前两款所称实际完成数和预算收入数，不包括转移性收入和政府债务收入。

省、自治区、直辖市政府依照预算法第六十六条第三款规定增列的赤字，可以通过在国务院下达的本地区政府债务限额内发行地方政府一般债券予以平衡。

设区的市、自治州以下各级一般公共预算年度执行中出现短收的，应当通过调入预算稳定调节基金或者其他预算资金、减少支出等方式实现收支平衡；采取上述措施仍不能实现收支平衡的，可以通过申请上级政府临时救助平衡当年预算，并在下一年度预算中安排资金归还。

各级一般公共预算年度执行中厉行节约、节约开支，造成本级预算支出实际执行数小于预算总支出的，不属于预算调整的情形。

各级政府性基金预算年度执行中有超收收入的，应当在下一年度安排使用并优先用于偿还相应的专项债务；出现短收的，应当通过减少支出实现收支平衡。国务院另有规定的除外。

各级国有资本经营预算年度执行中有超收收入的，应当在下一年度安排使用；出现短收的，应当通过减少支出实现收支平衡。国务院另有规定的除外。

**第七十九条** 年度预算确定后，部门、单位改变隶属关系引起预算级次或者预算关系变化的，应当在改变财务关系的同时，相应办理预算、资产划转。

## 第五章 决　　算

**第八十条** 预算法第七十四条所称决算草案，是指各级政府、各部门、各单位编制的未经法定程序审查和批准的预算收支和结余的年度执行结果。

**第八十一条** 财政部应当在每年第四季度部署编制决算草案的原则、要求、方法和报送期限，制发中央各部门决算、地方决算以及其他有关决算的报表格式。

省、自治区、直辖市政府按照国务院的要求和财政部的部署，结合本地区的具体情况，提出本行政区域编制决算草案的要求。

县级以上地方政府财政部门根据财政部的部署和省、自治区、直辖市政府的要求，部署编制本级政府各部门和下级政府决算草案的原则、要求、方法和报送期限，制发本级政府各部门决算、下级政府决算以及其他有关决算的报表格式。

**第八十二条** 地方政府财政部门根据上级政府财政部门的部署，制定本行政区域决算草案和本级各部门决算草案的具体编制办法。

各部门根据本级政府财政部门的部署，制定所属各单位决算草案的具体编制办法。

**第八十三条** 各级政府财政部门、各部门、各单位在每一预算年度终了时，应当清理核实全年预算收入、支出数据和往来款项，做好决算数据对账工作。

决算各项数据应当以经核实的各级政府、各部门、各单位会计数据为准，不得以估计数据替代，不得弄虚作假。

各部门、各单位决算应当列示结转、结余资金。

**第八十四条** 各单位应当按照主管部门的布置，认真编制本单位决算草案，在规定期限内上报。

各部门在审核汇总所属各单位决算草案基础上，连同本部门自身的决算收入和支出数据，汇编成本部门决算草案并附详细说明，经部门负责人签章后，在规定期限内报本级政府财政部门审核。

**第八十五条** 各级预算收入征收部门和单位应当按照财政部门的要求，及时编制收入年报以及有关资料并报送财政部门。

**第八十六条** 各级政府财政部门应当根据本级预算、预算会计核算数据等相关资料编制本级决算草案。

**第八十七条** 年度预算执行终了，对于上下级财政之间按照规定需要清算的事项，应当在决算时办理结算。

县级以上各级政府财政部门编制的决算草案应当及时报送本级政府审计部门审计。

**第八十八条** 县级以上地方各级政府应当自本级决算经批准之日起30日内，将本级决算以及下一级政府上报备案的决算汇总，报上一级政府备案；将下一级政府报送备案的决算汇总，报本级人民代表大会常务委员会备案。

乡、民族乡、镇政府应当自本级决算经批准之日起30日内，将本级决算报上一级政府备案。

## 第六章　监　　督

**第八十九条**　县级以上各级政府应当接受本级和上级人民代表大会及其常务委员会对预算执行情况和决算的监督，乡、民族乡、镇政府应当接受本级人民代表大会和上级人民代表大会及其常务委员会对预算执行情况和决算的监督；按照本级人民代表大会或者其常务委员会的要求，报告预算执行情况；认真研究处理本级人民代表大会代表或者其常务委员会组成人员有关改进预算管理的建议、批评和意见，并及时答复。

**第九十条**　各级政府应当加强对下级政府预算执行情况的监督，对下级政府在预算执行中违反预算法、本条例和国家方针政策的行为，依法予以制止和纠正；对本级预算执行中出现的问题，及时采取处理措施。

下级政府应当接受上级政府对预算执行情况的监督；根据上级政府的要求，及时提供资料，如实反映情况，不得隐瞒、虚报；严格执行上级政府作出的有关决定，并将执行结果及时上报。

**第九十一条**　各部门及其所属各单位应当接受本级政府财政部门对预算管理有关工作的监督。

财政部派出机构根据职责和财政部的授权，依法开展工作。

**第九十二条**　各级政府审计部门应当依法对本级预算执行情况和决算草案，本级各部门、各单位和下级政府的预算执行情况和决算，进行审计监督。

## 第七章　法律责任

**第九十三条**　预算法第九十三条第六项所称违反本法规定冻结、动用国库库款或者以其他方式支配已入国库库款，是指：

（一）未经有关政府财政部门同意，冻结、动用国库库款；

（二）预算收入征收部门和单位违反规定将所收税款和其他预算收入存

入国库之外的其他账户；

（三）未经有关政府财政部门或者财政部门授权的机构同意，办理资金拨付和退付；

（四）将国库库款挪作他用；

（五）延解、占压国库库款；

（六）占压政府财政部门拨付的预算资金。

**第九十四条**　各级政府、有关部门和单位有下列行为之一的，责令改正；对负有直接责任的主管人员和其他直接责任人员，依法给予处分：

（一）突破一般债务限额或者专项债务限额举借债务；

（二）违反本条例规定下达转移支付预算或者拨付转移支付资金；

（三）擅自开设、变更账户。

## 第八章　附　　则

**第九十五条**　预算法第九十七条所称政府综合财务报告，是指以权责发生制为基础编制的反映各级政府整体财务状况、运行情况和财政中长期可持续性的报告。政府综合财务报告包括政府资产负债表、收入费用表等财务报表和报表附注，以及以此为基础进行的综合分析等。

**第九十六条**　政府投资年度计划应当和本级预算相衔接。政府投资决策、项目实施和监督管理按照政府投资有关行政法规执行。

**第九十七条**　本条例自 2020 年 10 月 1 日起施行。

# 国务院关于改革和完善中央对地方转移支付制度的意见

国发〔2014〕71号

各省、自治区、直辖市人民政府，国务院各部委、各直属机构：

财政转移支付制度是现代财政制度的重要内容，是政府管理的重要手段。根据党的十八届三中全会精神和《国务院关于深化预算管理制度改革的决定》（国发〔2014〕45号）要求，现就改革和完善中央对地方转移支付制度提出如下意见。

## 一、改革和完善中央对地方转移支付制度的必要性

1994年实行分税制财政管理体制以来，我国逐步建立了符合社会主义市场经济体制基本要求的财政转移支付制度。中央财政集中的财力主要用于增加对地方特别是中西部地区的转移支付，转移支付规模不断扩大，有力促进了地区间基本公共服务的均等化，推动了国家宏观调控政策目标的贯彻落实，保障和改善了民生，支持了经济社会持续健康发展。但与建立现代财政制度的要求相比，现行中央对地方转移支付制度存在的问题和不足也日益凸显，突出表现在：受中央和地方事权和支出责任划分不清晰的影响，转移支付结构不够合理；一般性转移支付项目种类多、目标多元，均等化功能弱化；专项转移支付涉及领域过宽，分配使用不够科学；一些项目行政审批色彩较重，与简政放权改革的要求不符；地方配套压力较大，财政统筹能力较弱；转移支付管理漏洞较多、信息不够公开透明等。对上述问题，有必要通过深化改革和完善制度，尽快加以解决。

## 二、总体要求

### （一）指导思想

全面贯彻落实党的十八大和十八届二中、三中、四中全会精神，按照党中央、国务院的决策部署和新修订的预算法有关规定，围绕建立现代财政制度，以推进地区间基本公共服务均等化为主要目标，以一般性转移支付为主体，完善一般性转移支付增长机制，清理、整合、规范专项转移支付，严肃财经纪律，加强转移支付管理，充分发挥中央和地方两个积极性，促进经济社会持续健康发展。

### （二）基本原则

加强顶层设计，做好分步实施。坚持问题导向，借鉴国际经验，注重顶层设计，使转移支付制度与事权和支出责任划分相衔接，增强改革的整体性和系统性；同时充分考虑实际情况，逐步推进转移支付制度改革，先行解决紧迫问题和有关方面认识比较一致的问题。

合理划分事权，明确支出责任。合理划分中央事权、中央地方共同事权和地方事权，强化中央在国防、外交、国家安全、全国统一市场等领域的职责，强化省级政府统筹推进区域内基本公共服务均等化的职责，建立事权与支出责任相适应的制度。

清理整合规范，增强统筹能力。在完善一般性转移支付制度的同时，着力清理、整合、规范专项转移支付，严格控制专项转移支付项目和资金规模，增强地方财政的统筹能力。

市场调节为主，促进公平竞争。妥善处理政府与市场的关系，使市场在资源配置中起决定性作用，逐步减少竞争性领域投入专项，市场竞争机制能够有效调节的事项原则上不得新设专项转移支付，维护公平竞争的市场环境。

规范资金管理，提高资金效率。既要严格转移支付资金管理，规范分配使用，加强指导和监督，做到公平、公开、公正；又要加快资金拨付，避免大量结转结余，注重提高资金使用效率。

## 三、优化转移支付结构

合理划分中央和地方事权与支出责任，逐步推进转移支付制度改革，形成以均衡地区间基本财力、由地方政府统筹安排使用的一般性转移支付为主体，一般性转移支付和专项转移支付相结合的转移支付制度。属于中央事权的，由中央全额承担支出责任，原则上应通过中央本级支出安排，由中央直接实施；随着中央委托事权和支出责任的上收，应提高中央直接履行事权安排支出的比重，相应减少委托地方实施的专项转移支付。属于中央地方共同事权的，由中央和地方共同分担支出责任，中央分担部分通过专项转移支付委托地方实施。属于地方事权的，由地方承担支出责任，中央主要通过一般性转移支付给予支持，少量的引导类、救济类、应急类事务通过专项转移支付予以支持，以实现特定政策目标。

## 四、完善一般性转移支付制度

### （一）清理整合一般性转移支付

逐步将一般性转移支付中属于中央委托事权或中央地方共同事权的项目转列专项转移支付，属于地方事权的项目归并到均衡性转移支付，建立以均衡性转移支付为主体、以老少边穷地区转移支付为补充并辅以少量体制结算补助的一般性转移支付体系。

### （二）建立一般性转移支付稳定增长机制

增加一般性转移支付规模和比例，逐步将一般性转移支付占比提高到60%以上。改变均衡性转移支付与所得税增量挂钩的方式，确保均衡性转移支付增幅高于转移支付的总体增幅。大幅度增加对老少边穷地区的转移支付。中央出台增支政策形成的地方财力缺口，原则上通过一般性转移支付调节。

### （三）加强一般性转移支付管理

一般性转移支付按照国务院规定的基本标准和计算方法编制。科学设置均衡性转移支付测算因素、权重，充分考虑老少边穷地区底子薄、发展慢的特殊情况，真实反映各地的支出成本差异，建立财政转移支付同农业转移人口市民化挂钩机制，促进地区间基本公共服务均等化。规范老少边穷地区转移支付分配，促进区域协调发展。建立激励约束机制，采取适当奖惩等方式，引导地方将一般性转移支付资金投入到民生等中央确定的重点领域。

## 五、从严控制专项转移支付

### （一）清理整合专项转移支付

清理整合要充分考虑公共服务提供的有效性、受益范围的外部性、信息获取的及时性和便利性，以及地方自主性、积极性等因素。取消专项转移支付中政策到期、政策调整、绩效低下等已无必要继续实施的项目。属于中央委托事权的项目，可由中央直接实施的，原则上调整列入中央本级支出。属于地方事权的项目，划入一般性转移支付。确需保留的中央地方共同事权项目，以及少量的中央委托事权项目及引导类、救济类、应急类项目，要建立健全定期评估和退出机制，对其中目标接近、资金投入方向类同、资金管理方式相近的项目予以整合，严格控制同一方向或领域的专项数量。

### （二）逐步改变以收定支专项管理办法

结合税费制度改革，完善相关法律法规，逐步取消城市维护建设税、排污费、探矿权和采矿权价款、矿产资源补偿费等专款专用的规定，统筹安排这些领域的经费。

### （三）严格控制新设专项

专项转移支付项目应当依据法律、行政法规和国务院的规定设立。新设立的专项应有明确的政策依据、政策目标、资金需求、资金用途、主管部门和职责分工。

### （四）规范专项资金管理办法

做到每一个专项转移支付都有且只有一个资金管理办法。对一个专项有多个资金管理办法的，要进行整合归并，不得变相增设专项。资金管理办法要明确政策目标、部门职责分工、资金补助对象、资金使用范围、资金分配办法等内容，逐步达到分配主体统一、分配办法一致、申报审批程序唯一等要求。需要发布项目申报指南的，应在资金管理办法中进行明确。补助对象应按照政策目标设定，并按政府机构、事业单位、个人、企业等进行分类，便于监督检查和绩效评价。

## 六、规范专项转移支付分配和使用

### （一）规范资金分配

专项转移支付应当分地区、分项目编制。严格资金分配主体，明确部门职责，社会团体、行业协会、企事业单位等非行政机关不得负责资金分配。专项转移支付可以采取项目法或因素法进行分配。对用于国家重大工程、跨地区跨流域的投资项目以及外部性强的重点项目，主要采取项目法分配，实施项目库管理，明确项目申报主体、申报范围和申报条件，规范项目申报流程，发挥专业组织和专家的作用，完善监督制衡机制。对具有地域管理信息优势的项目，主要采取因素法分配，选取客观因素，确定合理权重，按照科学规范的分配公式切块下达省级财政，并指导其制定资金管理办法实施细则，按规定层层分解下达到补助对象，做到既要调动地方积极性，又要保证项目顺利实施。对关系群众切身利益的专项，可改变行政性分配方式，逐步推动建立政府引导、社会组织评价、群众参与的分配机制。

### （二）取消地方资金配套要求

除按照国务院规定应当由中央和地方共同承担的事项外，中央在安排专项转移支付时，不得要求地方政府承担配套资金。由中央和地方共同承担的事项，要依据公益性、外部性等因素明确分担标准或比例。在此基础上，根据各地财政状况，同一专项对不同地区可采取有区别的分担比例，但不同专项对同一地区的分担比例应逐步统一规范。

### （三）严格资金使用

除中央委托事项外，专项转移支付一律不得用于财政补助单位人员经费和运转经费，以及楼堂馆所等国务院明令禁止的相关项目建设。加强对专项资金分配使用的全过程监控和检查力度，建立健全信息反馈、责任追究和奖惩机制，重点解决资金管理“最后一公里”问题。

## 七、逐步取消竞争性领域专项转移支付

### （一）取消部分竞争性领域专项

凡属“小、散、乱”，效用不明显以及市场竞争机制能够有效调节的专项应坚决取消；对因价格改革、宏观调控等而配套出台的竞争性领域专项，

应明确执行期限，并在后期逐步退出，到期取消。

### （二）研究用税收优惠政策替代部分竞争性领域专项

加强竞争性领域专项与税收优惠政策的协调，可以通过税收优惠政策取得类似或更好政策效果的，应尽量采用税收优惠政策，相应取消竞争性领域专项。税收优惠政策应由专门税收法律法规或国务院规定。

### （三）探索实行基金管理等市场化运作模式

对保留的具有一定外部性的竞争性领域专项，应控制资金规模，突出保障重点，逐步改变行政性分配方式，主要采取基金管理等市场化运作模式，逐步与金融资本相结合，发挥撬动社会资本的杠杆作用。基金可以采取中央直接设立的方式，也可以采取中央安排专项转移支付支持地方设立的方式；可以新设基金，也可以扶持已有的对市场有重大影响的基金。基金主要采取创业投资引导基金、产业投资基金等模式。基金设立应报经同级人民政府批准，应有章程、目标、期限及指定投资领域，委托市场化运作的专业团队管理，重在引导、培育和发展市场，鼓励创新创业。基金应设定规模上限，达到上限时，根据政策评估决定是否进一步增资。少数不适合实行基金管理模式的，也应在事前明确补助机制的前提下，事中或事后采取贴息、先建后补、以奖代补、保险保费补贴、担保补贴等补助方式，防止出现补助机制模糊、难以落实或套取补助资金等问题。

## 八、强化转移支付预算管理

### （一）及时下达预算

加强与地方预算管理的衔接，中央应当将对地方的转移支付预计数提前下达地方，地方应当将其编入本级预算。除据实结算等特殊项目可以分期下达预算或者先预付后结算外，中央对地方一般性转移支付在全国人大批准预算后30日内下达，专项转移支付在90日内下达。省级政府接到中央转移支付后，应在30日内正式下达到本行政区域县级以上各级政府。中央下达的财政转移支付必须纳入地方政府预算管理，按规定向同级人大或其常委会报告。

### （二）推进信息公开

中央对地方转移支付预算安排及执行情况在全国人大批准后20日内由

财政部向社会公开，并对重要事项作出说明。主动向社会公开一般性转移支付和专项转移支付的具体项目、规模、管理办法和分配结果等。

**（三）做好绩效评价**

完善转移支付绩效评价制度，科学设置绩效评价机制，合理确定绩效目标，有效开展绩效评价，提高绩效评价结果的可信度，并将绩效评价结果同预算安排有机结合。逐步创造条件向社会公开绩效评价结果。

**（四）加强政府性基金预算和一般公共预算的统筹力度**

政府性基金预算安排支出的项目，一般公共预算可不再安排或减少安排。政府性基金预算和一般公共预算同时安排的专项转移支付，在具体管理中应作为一个专项，制定统一的资金管理办法，实行统一的资金分配方式。

**（五）将一般性转移支付纳入重点支出统计范围**

大幅度增加一般性转移支付后，中央财政对相关重点领域的直接投入相应减少。由于中央对地方税收返还和转移支付最终形成地方财政支出，为满足统计需要，可将其按地方财政支出情况分解为对相关重点领域的投入。

## 九、调整优化中央基建投资专项

在保持中央基建投资合理规模的基础上，划清中央基建投资专项和其他财政专项转移支付的边界，合理划定主管部门职责权限，优化中央基建投资专项支出结构。逐步退出竞争性领域投入，对确需保留的投资专项，调整优化安排方向，探索采取基金管理等市场化运作模式，规范投资安排管理；规范安排对地方基本公共服务领域的投资补助，逐步减少对地方的小、散投资补助；逐步加大属于中央事权的项目投资，主要用于国家重大工程、跨地区跨流域的投资项目以及外部性强的重点项目。

## 十、完善省以下转移支付制度

省以下各级政府要比照中央对地方转移支付制度，改革和完善省以下转移支付制度。与省以下各级政府事权和支出责任划分相适应，优化各级政府转移支付结构。对上级政府下达的一般性转移支付，下级政府应采取有效措施，确保统筹用于相关重点支出；对上级政府下达的专项转移支付，下级政府可在不改变资金用途的基础上，发挥贴近基层的优势，结合本级安排的相关专项情况，加大整合力度，将支持方向相同、扶持领域相关的专项转移支付整合使用。

## 十一、加快转移支付立法和制度建设

为增强转移支付制度的规范性和权威性，为改革提供法律保障，需要加快转移支付立法，尽快研究制定转移支付条例，条件成熟时推动上升为法律。相关文件中涉及转移支付的规定，应当按照本意见进行修改完善。

## 十二、加强组织领导

改革和完善中央对地方转移支付制度是财税体制改革的重要组成部分，涉及面广、政策性强，利益调整大。各地区、各部门要高度重视，加强组织领导，确保相关改革工作顺利推进。要提高认识，把思想和行动统一到党中央、国务院决策部署上来。要加强沟通，凝聚各方共识，形成改革合力。要周密部署，加强督查，抓好落实，对违反预算法等法律法规规定的，严肃追究责任。

各地区、各部门要根据本意见要求，结合本地区、本部门实际调整完善管理体制，健全相关管理机构，制定完善配套措施，主动作为、勇于担当，积极研究解决工作中遇到的新情况、新问题。财政部要会同有关部门和地区及时总结经验，加强宣传引导，推动本意见确定的各项政策措施贯彻落实，重大事项及时向国务院报告。

国务院

2014 年 12 月 27 日

# 关于印发《中央对地方专项转移支付管理办法》的通知

财预〔2015〕230号

党中央有关部门，国务院各部委、各直属机构，全国人大常委会办公厅，全国政协办公厅，高法院，高检院，各民主党派中央，有关人民团体，有关中央管理企业，各省、自治区、直辖市、计划单列市财政厅（局）：

为进一步加强中央对地方专项转移支付管理，提高财政资金使用的规范性、安全性和有效性，依据《中华人民共和国预算法》等法律法规和国务院规定，我部重新制定了《中央对地方专项转移支付管理办法》。现印发给你们，请遵照执行。

附件：中央对地方专项转移支付管理办法

财政部

2015年12月30日

附件：

## 中央对地方专项转移支付管理办法

### 第一章　总　　则

**第一条**　为进一步加强中央对地方专项转移支付管理，提高财政资金使用的规范性、安全性和有效性，促进经济社会协调发展，依据《中华人民共和国预算法》、《中华人民共和国预算法实施条例》和国务院有关规定，制定本办法。

**第二条**　本办法所称中央对地方专项转移支付（以下简称专项转移支付），是指中央政府为实现特定的经济和社会发展目标无偿给予地方政府，由接受转移支付的政府按照中央政府规定的用途安排使用的预算资金。

专项转移支付预算资金来源包括一般公共预算、政府性基金预算和国有资本经营预算。

**第三条**　按照事权和支出责任划分，专项转移支付分为委托类、共担类、引导类、救济类、应急类等五类。

委托类专项是指按照事权和支出责任划分属于中央事权，中央委托地方实施而相应设立的专项转移支付。

共担类专项是指按照事权和支出责任划分属于中央与地方共同事权，中央将应分担部分委托地方实施而设立的专项转移支付。

引导类专项是指按照事权和支出责任划分属于地方事权，中央为鼓励和引导地方按照中央的政策意图办理事务而设立的专项转移支付。

救济类专项是指按照事权和支出责任划分属于地方事权，中央为帮助地方应对因自然灾害等发生的增支而设立的专项转移支付。

应急类专项是指按照事权和支出责任划分属于地方事权，中央为帮助地方应对和处理影响区域大、影响面广的突发事件而设立的专项转移支付。

**第四条**　财政部是专项转移支付的归口管理部门，中央主管部门和地方政府按照职责分工共同做好专项转移支付管理工作。

财政部负责拟定专项转移支付总体管理制度，制定或者会同中央主管部门制定具体专项转移支付的资金管理办法；审核专项转移支付设立、调整事项；组织实施专项转移支付预算编制及执行；组织开展专项转移支付绩效管理和监督检查等工作。

财政部驻各地财政监察专员办事处（以下简称专员办）按照工作职责和财政部要求，开展专项转移支付有关预算监管工作。

中央主管部门协同财政部制定具体专项转移支付的资金管理办法；协同财政部具体管理专项转移支付。

地方政府有关部门根据需要制定实施细则，并做好组织实施工作。

**第五条**　专项转移支付管理应当遵循规范、公平、公开、公正的原则。

## 第二章　设立和调整

**第六条**　设立专项转移支付应当同时符合以下条件：

（一）有明确的法律、行政法规或者国务院规定作为依据；

（二）有明确的绩效目标、资金需求、资金用途、主管部门和职责分工；

（三）有明确的实施期限，且实施期限一般不超过 5 年，拟长期实施的委托类和共担类专项除外；

（四）不属于市场竞争机制能够有效调节的事项。

从严控制设立引导类、救济类、应急类专项。不得重复设立绩效目标相近或资金用途类似的专项转移支付。

**第七条**　设立专项转移支付，应当由中央主管部门或者省级政府向财政部提出申请，由财政部审核后报国务院批准；或者由财政部直接提出申请，报国务院批准。

**第八条**　列入中央本级支出的项目，执行中改由地方组织实施需新设专项转移支付项目的，应当符合本办法第六条、第七条的规定。

**第九条**　专项转移支付到期后自动终止。确需延续的，应当按照本办法第七条规定的程序重新申请设立。

**第十条**　专项转移支付经批准设立后，财政部应当制定或者会同中央主管部门制定资金管理办法，做到每一个专项转移支付对应一个资金管理办法。中央基建投资专项应当根据具体项目制定资金管理办法。

资金管理办法应当明确规定政策目标，部门职责分工，资金用途，补助对象，分配方法，资金申报条件，资金申报、审批和下达程序，实施期限，绩效管理，监督检查等内容，做到政策目标明确、分配主体统一、分配办法一致、审批程序唯一、资金投向协调。需要发布申报指南或者其他与资金申报有关文件的，应当在资金管理办法中予以明确。

除涉及国家秘密的内容外，资金管理办法、申报指南等文件应当及时公开。

未制定资金管理办法的专项转移支付，不得分配资金，并限期制定。逾期未制定的，对应项目予以取消。

**第十一条**　建立健全专项转移支付定期评估机制。财政部每年编制年度预算前，会同中央主管部门对专项转移支付项目进行评估。评估重点事项主要包括：

（一）是否符合法律、行政法规和国务院有关规定；

（二）政策是否到期或者调整；

（三）绩效目标是否已经实现或需要调整、取消；

（四）资金用途是否合理，是否用于市场竞争机制能够有效调节的领域；

（五）是否按要求制定资金管理办法。

**第十二条** 建立健全专项转移支付项目退出机制。财政部根据专项转移支付评估结果，区分情形分别处理：

（一）不符合法律、行政法规和国务院有关规定的，予以取消。

（二）因政策到期、政策调整、客观条件发生变化等已无必要继续实施的，予以取消。

（三）市场竞争机制能够有效调节的，予以取消；可由市场竞争机制逐步调节的，规定一定实施期限实行退坡政策，到期予以取消。

（四）绩效目标已经实现、绩效低下、绩效目标发生变动或者实际绩效与目标差距较大的，予以取消或者调整。

（五）委托类专项具备由中央直接实施条件的，调整列入中央本级支出。

（六）属于地方事权的专项转移支付，可以列入一般性转移支付由地方统筹安排的，适时调整列入中央一般性转移支付。

（七）政策目标接近、资金投入方向类同、资金管理方式相近的，予以整合。

## 第三章 预算编制

**第十三条** 财政部于每年6月15日前部署编制下一年度中央对地方转移支付预算草案的具体事项，规定具体要求和报送期限等。

**第十四条** 专项转移支付实行中期财政规划管理。财政部会同中央主管部门根据中长期经济社会发展目标、国家宏观调控总体要求和跨年度预算平衡的需要，编制专项转移支付三年滚动规划。

**第十五条** 专项转移支付预算应当分地区、分项目编制，并遵循统筹兼顾、量力而行、保障重点、讲求绩效的原则。

属于委托类专项的，中央应当足额安排预算，不得要求地方安排配套资金。

属于共担类专项的，应当依据公益性、外部性等因素明确分担标准或者比例，由中央和地方按各自应分担数额安排资金。根据各地财政状况，同一专项转移支付对不同地区可以采取有区别的分担比例，但不同专项转移支付对同一地区的分担比例应当逐步统一规范。

属于引导类、救济类、应急类专项的，应当严格控制资金规模。

**第十六条**　专项转移支付预算总体增长幅度应当低于中央对地方一般性转移支付预算总体增长幅度。

**第十七条**　中央基建投资安排的专项转移支付，应当主要用于国家重点项目、跨省（区、市）项目以及外部性强的重点项目。

负责中央基建投资分配的部门应当将中央基建投资专项分地区、分项目安排情况按规定时间报财政部。

**第十八条**　专项转移支付预算一般不编列属于中央本级的支出。需要由中央单位直接实施的项目，应当在年初编制预算时列入中央本级支出。

**第十九条**　财政部应当在每年 10 月 31 日前将下一年度专项转移支付预计数提前下达省级政府财政部门，并抄送中央主管部门和当地专员办。省级政府财政部门应当在接到预计数后 30 日内下达本行政区域县级以上各级政府财政部门，同时将下达文件报财政部备案，并抄送当地专员办。县级以上地方各级政府财政部门应当将上级政府财政部门提前下达的专项转移支付预计数编入本级政府预算。

提前下达的专项转移支付预计数与其前一年度执行数之比原则上不低于 70%。其中：按照项目法分配的专项转移支付，应当一并明确下一年度组织实施的项目；按因素法分配且金额相对固定的专项转移支付预计数与其前一年度执行数之比应当不低于 90%。

专员办应当按照财政部要求，监督驻地财政部门做好提前下达专项转移支付的分解、落实工作，并及时将有关情况报告财政部。

负责中央基建投资分配的部门应当于每年 10 月 15 日前，将中央基建投资专项转移支付预计数分地区、分项目安排情况报财政部。

**第二十条**　财政部应当在全国人民代表大会批准年度预算草案后 20 日

内向社会公开专项转移支付分地区、分项目情况，涉及国家秘密的内容除外。

## 第四章 资金申报、审核和分配

**第二十一条** 财政部会同中央主管部门按照规定组织专项转移支付资金申报、审核和分配工作。

需要发布申报指南或其他与资金申报有关文件的，应当及时发布，确保申报对象有充足的时间申报资金。

**第二十二条** 专项转移支付资金依照有关规定应当经地方政府有关部门审核上报的，应当逐级审核上报，并由省级政府财政部门联合省级主管部门在规定时限内将有关材料报送财政部和中央主管部门，同时抄送当地专员办。

专员办应当按照工作职责和财政部要求，审核驻地省级财政部门报送的申报材料，并提出审核意见和建议报送财政部。

**第二十三条** 专项转移支付资金的申报单位和个人应当保证申报材料的真实性、准确性、完整性；申报项目应当具备实施条件，短期内无法实施的项目不得申报。

以同一项目申报多项专项转移支付资金（含地方安排的专项资金）的，应当在申报材料中明确说明已申报的其他专项转移支付资金或者专项资金情况。依托同一核心内容或同一关键技术编制的不同项目视为同一项目。

**第二十四条** 地方政府财政部门和主管部门应当加强项目申报环节的信息公开工作，加大申报材料审查力度。

基层政府有关部门应当公平对待申报单位和个人，实行竞争性分配的，应当明确筛选标准，公示筛选结果，并加强现场核查和评审结果实地核查。

**第二十五条** 专项转移支付资金分配可以采取因素法、项目法、因素法与项目法相结合等方法。

因素法是指根据与支出相关的因素并赋予相应的权重或标准，对专项转移支付资金进行分配的方法。

项目法是指根据相关规划、竞争性评审等方式将专项转移支付资金分配到特定项目的方法。

中央向省级分配专项转移支付资金应当以因素法为主，涉及国家重大工程、跨地区跨流域的投资项目以及外部性强的重点项目除外。

**第二十六条** 财政部应当会同中央主管部门及时开展项目审核，按程序提出资金分配方案。

**第二十七条** 专项转移支付资金分配采取因素法的，应当主要选取自然、经济、社会、绩效等客观因素，并在资金管理办法中明确相应的权重或标准。

**第二十八条** 专项转移支付资金分配采取项目法的，应当主要采取竞争性评审的方式，通过发布公告、第三方评审、集体决策等程序择优分配资金。

**第二十九条** 采取第三方评审的，要在资金管理办法中对第三方进行规范，明确第三方应当具备的资质、选择程序、评审内容等。

**第三方应当遵循公正诚信原则，独立客观发表意见。**

**第三十条** 除委托类专项有明确规定外，各地区、各部门不得从专项转移支付资金中提取工作经费。

**第三十一条** 对分配到企业的专项转移支付资金，还应当遵循以下规定：

（一）各级政府财政部门应当在事前明确补助机制的前提下，事中或事后采取贴息、先建后补、以奖代补、保险保费补贴、担保补贴等补助方式。

（二）负责分配到企业的财政部门和主管部门应当在资金下达前将分配方案通过互联网等媒介向社会公示，公示期一般不少于7日，涉及国家秘密的内容除外。

（三）创新专项转移支付支持企业发展的方式，逐步减少无偿补助，采取投资基金管理等市场化运作模式，鼓励与金融资本相结合，发挥撬动社会资本的杠杆作用。

## 第五章 资金下达、拨付和使用

**第三十二条** 财政部应当在全国人民代表大会审查批准中央预算后90日内印发下达专项转移支付预算文件，下达省级政府财政部门，同时抄送中央主管部门和当地专员办。

对自然灾害等突发事件处理的专项转移支付，应当及时下达预算。

对据实结算等特殊项目的专项转移支付，一般采取先预拨后清算的方式。当年难以清算的，可以下年清算。确需实行分期下达预算的，应当合理设定分期下达数，最后一期的下达时间一般不迟于9月30日。

**第三十三条**　财政部应当将专项转移支付资金分配结果在下达专项转移支付预算文件印发后20日内向社会公开，涉及国家秘密的内容除外。

**第三十四条**　省级政府财政部门接到专项转移支付后，应当在30日内正式分解下达本级有关部门和本行政区域县级以上各级政府财政部门，同时将资金分配结果报财政部备案并抄送当地专员办。

财政部及中央主管部门不得要求省级财政部门分解下达转移支付时再报其审批。

**第三十五条**　基层政府财政部门接到专项转移支付后，应当及时分解下达资金。

对上级政府有关部门分配时已明确具体补助对象及补助金额的，基层政府财政部门应当在7个工作日内下达本级有关部门。不必下达本级有关部门的，应当及时履行告知义务。

对上级政府有关部门分配时尚未明确具体补助对象或补助金额的，基层政府财政部门原则上应当在接到专项转移支付后30日内分解下达到位，同时将资金分配结果及时报送上级政府财政部门备案。

对于补助到企业的专项转移支付资金，基层政府财政部门应当按照具体企业进行统计归集。

**第三十六条**　地方政府财政部门分配专项转移支付资金时，应当执行本办法第四章有关规定。

**第三十七条**　专项转移支付应当按照下达预算的科目和项目执行，不得截留、挤占、挪用或擅自调整。

地方政府财政部门可以在不改变资金类级科目用途的基础上，结合本级资金安排情况，加大整合力度，将支持方向相同、扶持领域相关的专项转移支付整合使用，报同级政府批准，并逐级上报后由省级政府财政部门会同省级主管部门及时上报财政部和中央主管部门备案，同时抄送当地专员办。

对于使用专项转移支付资金实施的项目，在专项转移支付资金到位前地方政府财政部门先行垫付资金启动实施的，待专项转移支付资金到位后，允许其将有关资金用于归垫，同时将资金归垫情况上报财政部和中央主管部门备案。

**第三十八条** 专项转移支付应当通过本级政府财政部门下达。除本级政府财政部门外，各部门、各单位不得直接向下级政府部门和单位下达专项转移支付资金。

**第三十九条** 专项转移支付的资金支付按照国库集中支付制度有关规定执行。严禁违规将专项转移支付资金从国库转入财政专户，或将专项转移支付资金支付到预算单位实有资金银行账户。

**第四十条** 预算单位应当加快项目实施，及时拨付资金。对因情况发生变化导致短期内无法继续实施的项目，预算单位应当及时向同级财政部门报告，由同级财政部门按规定收回统筹使用或者上交中央财政。

**第四十一条** 各级政府财政部门应当加强专项转移支付的执行管理，逐步做到动态监控专项转移支付的分配下达和使用情况。对未按规定及时分配下达或者闲置沉淀的专项转移支付，财政部可以采取调整用途、收回资金等方式，统筹用于经济社会发展亟需资金支持的领域。

专员办应当按照工作职责和财政部要求，对专项转移支付的预算执行情况进行全面监管，并按照财政部要求对部分专项开展重点监管，定期形成监管报告并及时报送财政部。

**第四十二条** 各级政府财政部门应当及时清理盘活专项转移支付结转结余资金。

对结余资金和连续两年未用完的结转资金，预算尚未分配到部门（含企业）和下级政府财政部门的，由同级政府财政部门在办理上下级财政结算时向上级政府财政部门报告，上级政府财政部门在收到报告后 30 日内办理发文收回结转结余资金；已分配到部门（或企业）的，由该部门（或企业）同级政府财政部门在年度终了后 90 日内收回统筹使用。

对不足两年的结转资金，参照第四十条、第四十一条执行。

**第四十三条** 专项转移支付项目依法应当实行政府采购的，原则上由项目实施单位组织采购。确因法律法规有明确规定或情况特殊需要上级主管部门集中采购的，应当按照有关规定履行报批手续。

## 第六章 预算绩效管理

**第四十四条** 各级政府财政部门和主管部门应当加强专项转移支付预算绩效管理，建立健全全过程预算绩效管理机制，提高财政资金使用效益。

**第四十五条** 各级政府财政部门和主管部门应当加强专项转移支付绩效目标管理，逐步推动绩效目标信息公开，接受社会公众监督。

有关部门、单位申请使用专项转移支付时，应当按要求提交明确、具体、一定时期可实现的绩效目标，并以细化、量化的绩效指标予以描述。

各级政府财政部门和主管部门应当加强对绩效目标的审核，将其作为预算编制和资金分配的重要依据，并将审核确认后的绩效目标予以下达，同时抄送当地专员办。

**第四十六条** 各级政府财政部门和主管部门应当加强专项转移支付预算执行中的绩效监控，重点监控是否符合既定的绩效目标。预算支出绩效运行与既定绩效目标发生偏离的，应当及时采取措施予以纠正；情况严重的，调整、暂缓或者停止该项目的执行。

**第四十七条** 各级政府财政部门和主管部门应当按照要求及时开展专项转移支付绩效评价工作，积极推进中期绩效评价，并加强对绩效评价过程和绩效评价结果的监督，客观公正地评价绩效目标的实现程度。

**第四十八条** 各级政府财政部门和主管部门应当加强对专项转移支付绩效评价结果的运用。及时将绩效评价结果反馈给被评价单位，对发现的问题督促整改；将绩效评价结果作为完善财政政策、预算安排和分配的参考因素；将重点绩效评价结果向本级政府报告；推进绩效评价结果信息公开，逐步建立绩效问责机制。

**第四十九条** 专员办应当按照工作职责和财政部要求，审核省级财政部门报送的专项转移支付绩效目标并提出审核意见，实施预算执行绩效监控，开展绩效评价并形成绩效评价报告和评价结果应用建议，督促相关部门落实财政部确定的绩效评价结果应用意见和有关问效整改要求，并对相关后续政策和问题的落实、整改进行跟踪。

## 第七章　监督检查和责任追究

**第五十条**　各级政府财政部门和主管部门应当加强对专项转移支付资金使用的监督检查，建立健全专项转移支付监督检查和信息共享机制。

**第五十一条**　分配管理专项转移支付资金的部门以及使用专项转移支付资金的部门、单位及个人，应当依法接受审计部门的监督，对审计部门审计发现的问题，应当及时制定整改措施并落实。

**第五十二条**　各级政府财政部门和主管部门及其工作人员、申报使用专项转移支付资金的部门、单位及个人有下列行为之一的，依照预算法等有关法律法规予以处理、处罚，并视情况提请同级政府进行行政问责：

（一）专项转移支付资金分配方案制定和复核过程中，有关部门及其工作人员违反规定，擅自改变分配方法、随意调整分配因素以及向不符合条件单位（或项目）分配资金的；

（二）以虚报冒领、重复申报、多头申报、报大建小等手段骗取专项转移支付资金的；

（三）滞留、截留、挤占、挪用专项转移支付资金的；

（四）擅自超出规定的范围或者标准分配或使用专项转移支付资金的；

（五）未履行管理和监督职责，致使专项转移支付资金被骗取、截留、挤占、挪用，或资金闲置沉淀的；

（六）拒绝、干扰或者不予配合有关专项转移支付的预算监管、绩效评价、监督检查等工作的；

（七）对提出意见建议的单位和个人、举报人、控告人打击报复的；

（八）其他违反专项转移支付管理的行为。

涉嫌犯罪的，移送司法机关处理。

**第五十三条**　对被骗取的专项转移支付资金，由地方政府有关部门自行查出的，由同级政府财政部门收回。由中央有关部门组织查出的，由省级政府财政部门负责追回并及时上缴中央财政。

**第五十四条**　对未能独立客观地发表意见，在专项转移支付评审等有关工作中存在虚假、伪造行为的第三方，按照有关法律法规的规定进行处理。

## 第八章 附 则

**第五十五条** 省级政府财政部门应当根据本办法，结合本地实际，制定本地区专项转移支付管理办法，报财政部备案，同时抄送当地专员办。

**第五十六条** 本办法自印发之日起施行。2000 年 8 月 7 日发布的《中央对地方专项拨款管理办法》（财预〔2000〕128 号）同时废止。

# 关于印发《中央对地方专项转移支付绩效目标管理暂行办法》的通知

财预〔2015〕163号

党中央有关部门，国务院各部委、各直属机构，总后勤部，武警各部队，全国人大常委会办公厅，全国政协办公厅，高法院，高检院，各民主党派中央，有关人民团体，新疆生产建设兵团，有关中央管理企业，各省、自治区、直辖市、计划单列市财政厅（局）：

为进一步规范中央对地方专项转移支付绩效目标管理，提高财政资金使用效益，根据《中华人民共和国预算法》、《国务院关于深化预算管理制度改革的决定》（国发〔2014〕45号）、《国务院关于改革和完善中央对地方转移支付制度的意见》（国发〔2014〕71号）等有关规定，我们制定了《中央对地方专项转移支付绩效目标管理暂行办法》。现予印发，请遵照执行。

附件：中央对地方专项转移支付绩效目标管理暂行办法

财政部

2015年9月29日

附件：

## 中央对地方专项转移支付绩效目标管理暂行办法

### 第一章　总　　则

**第一条**　为了规范中央对地方专项转移支付绩效目标管理，提高财政资金使用效益，根据《中华人民共和国预算法》、《国务院关于深化预算管理制度改革的决定》（国发〔2014〕45 号）、《国务院关于改革和完善中央对地方转移支付制度的意见》（国发〔2014〕71 号）等有关规定，制定本办法。

**第二条** 中央对地方专项转移支付（以下简称专项转移支付）的绩效目标管理活动，适用本办法。

**第三条** 专项转移支付绩效目标是指中央财政设立的专项转移支付资金在一定期限内预期达到的产出和效果。

专项转移支付绩效目标是编制和分配专项转移支付预算、开展专项转移支付绩效监控和绩效评价的重要基础和依据。

**第四条** 专项转移支付绩效目标管理是指以专项转移支付绩效目标为对象，以绩效目标的设定、审核、下达、调整和应用等为主要内容所开展的预算管理活动。

**第五条** 本办法所称绩效目标：

（一）按照专项转移支付的涉及范围划分，可分为整体绩效目标、区域绩效目标和项目绩效目标。

整体绩效目标是指某项专项转移支付的全部资金在一定期限内预期达到的总体产出和效果。区域绩效目标是指在省级行政区域内，某项专项转移支付的全部资金在一定期限内预期达到的产出和效果。项目绩效目标是指通过专项转移支付预算安排的某个具体项目资金在一定期限内预期达到的产出和效果。

（二）按照时效性划分，可分为实施期绩效目标和年度绩效目标。

实施期绩效目标是指某项专项转移支付资金在确定的实施期限内预期达到的总体产出和效果。年度绩效目标是指某项专项转移支付资金在一个预算年度内预期达到的产出和效果。

**第六条** 各有关部门（单位）按照各自职责，分工协作，做好专项转移支付绩效目标管理工作：

（一）财政部。负责专项转移支付绩效目标管理的总体组织指导工作；制定总体管理办法，会同相关部门制定具体管理办法；确定绩效目标管理工作规划，提出年度工作要求；审核中央主管部门或省级财政部门报送的绩效目标；确定或下达有关绩效目标；指导、督促有关部门和单位依据绩效目标开展绩效监控、绩效评价等相关绩效管理工作；依据绩效目标管理情况，确定绩效目标应用方式。

（二）中央主管部门。负责本部门所涉专项转移支付的绩效目标管理工作；协同财政部制定具体管理办法；按要求设定并向财政部提交绩效目标；审核省级主管部门报送的绩效目标；督促落实绩效目标；依据绩效目标开展相应的绩效管理工作；提出绩效目标具体应用建议；指导省级主管部门绩效目标管理工作。

（三）省级财政部门。负责本省区域内专项转移支付绩效目标的总体管理工作；会同省级主管部门，按要求设定绩效目标、审核下级财政部门报送的绩效目标并报送财政部；下达绩效目标并督促落实；依据绩效目标开展相应的绩效管理工作；提出绩效目标具体应用建议；指导下级财政部门绩效目标管理工作。

（四）省级主管部门。负责本部门所涉专项转移支付绩效目标的具体管理工作；会同省级财政部门，按要求设定绩效目标、审核下级主管部门报送的绩效目标并报送中央主管部门；督促落实绩效目标；依据绩效目标开展相应的绩效管理工作；提出绩效目标具体应用建议；指导下级主管部门绩效目标管理工作。

（五）省以下财政部门、主管部门及具体实施单位等在绩效目标管理中的职责，由各地区按照绩效目标管理要求，结合本地区预算管理体制及实际工作需要，参照本办法提出具体要求。

## 第二章　绩效目标的设定

**第七条**　绩效目标设定是指有关部门（单位）按要求编制并报送专项转移支付绩效目标的过程。

专项转移支付都应当按要求设定绩效目标。未按要求设定绩效目标或绩效目标设定不合理且不按要求调整的，不得进入专项转移支付预算安排和资金分配流程。

**第八条**　绩效目标要能清晰反映专项转移支付资金的预期产出和效果，并以相应的绩效指标予以细化、量化描述。主要包括：

（一）预期产出，是指专项转移支付资金在一定期限内预期提供的公共产品和服务情况；

（二）预期效果，是指上述产出预计对经济、社会、生态等带来的影响情况，以及服务对象或受益人对该项产出和影响的满意程度等。

**第九条** 绩效指标是绩效目标的细化和量化描述，主要包括产出指标、效益指标和满意度指标等。

（一）产出指标是对预期产出的描述，包括数量指标、质量指标、时效指标、成本指标等。

（二）效益指标是对预期效果的描述，包括经济效益指标、社会效益指标、生态效益指标、可持续影响指标等。

（三）满意度指标是反映服务对象或受益人的认可程度的指标。

上述相关指标的解释及说明，详见“中央对地方专项转移支付绩效目标申报表填报说明”（附 1－4）。

**第十条** 绩效标准是设定绩效指标时所依据或参考的标准。一般包括：

（一）历史标准，是指同类指标的历史数据等；

（二）行业标准，是指国家公布的行业指标数据等；

（三）计划标准，是指预先制定的目标、计划、预算、定额等数据；

（四）财政部和行业主管部门认可的其他标准。

**第十一条** 绩效目标设定的依据包括：

（一）国家相关法律、法规和规章制度，国民经济和社会发展规划，国家宏观调控总体要求等；

（二）中央和地方事权与支出责任划分的有关规定，专项转移支付管理规定，设立专项转移支付的特定政策目标，各专项的资金管理办法及其实施细则、项目申报指南等；

（三）财政部门中期财政规划和年度预算管理要求，专项转移支付中期规划和年度预算；

（四）相关历史数据、行业标准、计划标准等；

（五）符合财政部和中央主管部门要求的其他依据。

**第十二条** 设定的绩效目标应当符合以下要求：

（一）指向明确。绩效目标要符合法律法规规定、国民经济和社会发展规划、部门（单位）职能及事业发展规划等要求，并与该专项的特定政策目标、用途、使用范围、预算支出内容等紧密相关。

（二）细化量化。绩效目标应当从数量、质量、时效、成本以及经济效益、社会效益、生态效益、可持续影响、满意度等方面进行细化，尽量进行定量表述。不能以量化形式表述的，可采用定性表述，但应具有可衡量性。

（三）合理可行。绩效目标以及为实现绩效目标拟采取的措施要经过调查研究和科学论证，符合客观实际，能够在一定期限内如期实现。

（四）相应匹配。绩效目标要与计划期内的任务数或计划数相对应，与预算确定的投资额或资金量相匹配。

**第十三条** 专项转移支付的绩效目标按要求分别设定。

（一）整体绩效目标由中央主管部门设定。相关中央主管部门按照财政部要求，填写“中央对地方专项转移支付整体绩效目标申报表”（附 1－1），并按预算管理程序提交财政部。

（二）实行因素法管理的专项转移支付应当设定区域绩效目标。区域绩效目标由省级财政部门和主管部门共同设定，按要求填写“中央对地方专项转移支付区域绩效目标申报表”（附 1－2），并按预算管理程序报送财政部和中央主管部门。同时，要按照实际工作需要或相关工作要求，将下级部门设定的绩效目标报送财政部和中央主管部门备案。省级财政部门在向财政部报送绩效目标时，应将有关绩效目标同时抄送财政部驻当地财政监察专员办事处（以下简称专员办）。

（三）实行项目法管理的专项转移支付应当设定项目绩效目标。项目绩效目标由专项转移支付资金的具体实施单位设定，按要求填写“中央对地方专项转移支付项目绩效目标申报表”（附 1－3），并按规定程序由相应财政部门和主管部门审核后，报送省级财政部门和主管部门。省级财政部门和主管部门进行审核后，按预算管理程序报送财政部和中央主管部门。

**第十四条** 采取贴息、担保补贴等间接补助方式管理的专项转移支付区域和项目绩效目标，可结合实际工作并参考第十三条第（二）、（三）款执行。

对采取先建后补、以奖代补、据实结算等事后补助方式管理的专项转移支付，实行事前立项事后补助的，应在立项时按照第十三条有关规定设定绩效目标；实行事后立项事后补助的，其绩效目标可以用相关工作或目标的完成情况来取代，具体格式参考“中央对地方专项转移支付绩效自评表”（附3）。

## 第三章 绩效目标的审核

**第十五条** 绩效目标审核是指有关部门对报送的专项转移支付绩效目标进行审查核实，并将审核意见反馈相关部门或单位，指导其修改完善绩效目标的过程。

**第十六条** 绩效目标审核是专项转移支付预算审核的有机组成部分和必要环节，其审核结果作为专项转移支付预算安排和资金分配的重要依据。

**第十七条** 中央主管部门设定并提交的专项转移支付整体绩效目标，由财政部审核并提出意见。

**第十八条** 省级财政部门和主管部门设定并报送的专项转移支付区域绩效目标，由财政部和中央主管部门审核，提出审核意见。其中，中央主管部门对区域绩效目标进行审核并提出审核意见后，及时提交财政部；专员办按照相关工作要求，对省级财政部门抄送的区域绩效目标开展审核，并将审核意见和相关建议按程序报送财政部。财政部在上述各方意见的基础上，提出绩效目标的审核意见。

**第十九条** 专项转移支付项目绩效目标由相关基层财政部门和主管部门进行审核，按程序上报省级财政部门和主管部门并经其审核通过后，由省级财政部门和主管部门参照第十八条的要求和程序，上报财政部进行审核并提出意见。

**第二十条** 财政部在专项转移支付绩效目标审核中，对整体绩效目标或数额较大、社会关注度较高、对经济社会发展具有重要影响、关系重大民生领域或专业技术复杂的专项转移支付区域和项目绩效目标，可根据需要交由财政部预算评审中心审核，或委托专家学者、科研院所、中介机构等第三方予以审核，必要时可邀请有关人大代表、政协委员、社会公众等共同参与，提出审核意见和建议。

中央主管部门、省级财政部门和主管部门以及专员办等在相关绩效目标的审核中，也可根据工作需要将其委托第三方等进行审核。

**第二十一条** 绩效目标审核的主要内容：

（一）完整性审核。绩效目标的内容是否全面完整，绩效目标是否明确、清晰。

（二）相关性审核。绩效目标的设定与专项转移支付的特定政策目标、用途、使用范围等是否相关，是否依据绩效目标设定了相关联的绩效指标，绩效指标是否细化、量化。

（三）适当性审核。该绩效目标是否与其他绩效目标相近或雷同；绩效目标是否已经实现或取消。资金规模与绩效目标之间是否匹配，在既定资金规模下，绩效目标是否过高或过低；或者要完成既定绩效目标，资金规模是否过大或过小。

（四）可行性审核。绩效目标是否经过充分论证和合理测算；专项或项目的实施方案、具体措施是否切实可行，并能确保绩效目标如期实现。综合考虑成本效益，是否有必要安排财政资金。

**第二十二条** 对专项转移支付绩效目标的审核，可采用“中央对地方专项转移支付绩效目标审核表”（附2－1），采取定性审核的方式，形成“优”、“良”、“中”、“差”四个等级的审核结果。

审核结果为“优”的，直接进入下一步预算安排流程；审核结果为“良”的，可与相关部门或单位进行协商，直接对其绩效目标进行完善后，进入下一步预算安排流程；审核结果为“中”的，由相关部门或单位对其进行修改完善，按程序重新报送审核；审核结果为“差”的，不得进入下一步预算安排流程。

## 第四章　绩效目标的下达、调整与应用

**第二十三条** 财政部在确定专项转移支付总预算时，同步确定整体绩效目标；财政部在向省级财政部门下达专项转移支付预算时，同步下达区域或项目绩效目标。省级财政部门在细化下达预算时，同步下达相应的绩效目标。

**第二十四条** 绩效目标确定后，一般不予调整和变更。预算执行中因特殊原因确需调整或变更的，应按照绩效目标管理要求、专项转移支付预算调整和变更流程报批。

**第二十五条** 各级财政部门、主管部门和实施单位应按照下达的绩效目

标组织预算执行，并依据绩效目标开展绩效监控、绩效自评和绩效评价。

（一）绩效监控。预算执行中，各级财政部门和主管部门应对资金运行状况和绩效目标预期实现程度开展绩效监控，及时发现并纠正绩效运行中存在的问题，力保绩效目标如期实现。

（二）绩效自评。预算执行结束后，中央主管部门、省级财政部门和主管部门以及实施单位等应对照确定的绩效目标开展绩效自评，填写“中央对地方专项转移支付绩效自评表”，形成相应的自评结果，并根据工作要求和实际需要形成绩效报告（具体格式可参考《财政支出绩效评价管理暂行办法》（财预〔2011〕285号）），作为专项转移支付预算执行情况的重要内容予以反映。

相关财政部门和主管部门应对相应的绩效自评情况进行审核，并将其作为绩效评价的重要基础和以后年度预算申请、安排、分配的前置条件和重要因素。

（三）绩效评价。各级财政部门和主管部门应按要求及时开展专项转移支付年度或中期（实施期）绩效评价，客观反映绩效目标实现程度，形成相应的评价结果，按要求形成绩效评价报告（具体格式可参考《财政支出绩效评价管理暂行办法》），并将评价结果作为完善相关专项转移支付政策和以后年度预算申请、安排、分配的重要依据。

**第二十六条** 结合绩效目标审核、绩效自评和绩效评价等情况，建立专项转移支付保留、整合、调整和退出机制。对符合绩效目标预期、有必要继续执行的专项转移支付，可继续保留；对绩效目标相近或雷同的，应予以整合；对绩效目标发生变动或实际绩效与目标差距较大的，应予以调整；对绩效目标已经实现或取消的，应予以退出。

**第二十七条** 专项转移支付绩效目标应按照有关法律、法规规定逐步予以公开，接受各方监督。

## 第五章 附 则

**第二十八条** 专项转移支付资金纳入地方政府预算管理后，其绩效目标管理应同时符合同级地方政府预算绩效目标管理规定。

**第二十九条** 各中央主管部门、省级财政部门和主管部门可根据本办法，结合实际制定具体绩效目标管理办法或实施细则，报财政部备案。

**第三十条** 本办法由财政部负责解释。

**第三十一条** 本办法自印发之日起施行。

附 1－1：中央对地方专项转移支付整体绩效目标申报表

附 1－2：中央对地方专项转移支付区域绩效目标申报表

附 1－3：中央对地方专项转移支付项目绩效目标申报表

附 1－4：中央对地方专项转移支付绩效目标申报表填报说明

附 2－1：中央对地方专项转移支付绩效目标审核表

附 2－2：中央对地方专项转移支付绩效目标审核表使用说明

附 3：中央对地方专项转移支付绩效自评表

附 4：中央对地方专项转移支付绩效目标管理流程图

# 关于印发《专员办开展中央对地方专项转移支付监管暂行办法》的通知

财预〔2016〕136号

财政部驻各省、自治区、直辖市、计划单列市财政监察专员办事处：

为规范财政部驻各地财政监察专员办事处开展中央对地方专项转移支付监管工作，提高财政资金管理使用的规范性、安全性和有效性，我们制定了《专员办开展中央对地方专项转移支付监管暂行办法》，现予以印发，请遵照执行。

附件：专员办开展中央对地方专项转移支付监管暂行办法

抄送：各省、自治区、直辖市、计划单列市财政厅（局）。

财政部

2016年10月9日

附件：

## 专员办开展中央对地方专项转移支付监管暂行办法

### 第一章　总　　则

**第一条**　为规范财政部驻各地财政监察专员办事处（以下简称专员办）开展中央对地方专项转移支付监管工作，提高财政资金管理使用的规范性、安全性和有效性，根据《中华人民共和国预算法》、《财政部关于专员办进一步加强财政预算监管工作的意见》（财预〔2016〕38号）、《中央对地方专项转移支付管理办法》（财预〔2015〕230 号）等规定，制定本办法。

**第二条** 本办法所称中央对地方专项转移支付（以下简称专项转移支付）监管，是指专员办按照工作职责和财政部要求，以专项转移支付为对象开展的审核、监控、评价、督导、核查、检查、调研等监督管理活动。

**第三条** 专员办开展专项转移支付监管，应当遵循依法依规、规范有序、客观公正、及时有效的原则。

**第四条** 财政部部内相关司局（以下简称部内相关司局）、专员办及地方财政部门应当建立健全监管联动机制，按职责分工，共同做好专项转移支付监管工作。

部内相关司局应当及时将专项转移支付相关政策、资金分配结果等基础资料提供专员办，提出明确的监管要求，及时对专员办监管工作进行指导，协调解决监管工作中遇到的问题，充分利用专员办提交的监管成果，并将监管成果利用情况以适当方式反馈专员办。

地方财政部门应当建立同专员办的信息共享机制，推进实现相关信息系统的互联互通，及时将专项转移支付提前下达、申请、分配、使用、管理、绩效等信息提供专员办，并对相关材料的真实性、完整性、准确性负责。应当积极配合专员办开展监管工作，并对专员办监管工作中发现和指出的问题，及时采取相关措施整改落实。

专员办应当加强同部内相关司局和地方财政部门的沟通联系，按照相关工作要求，认真履行专项转移支付监管职责，根据需要会同地方财政部门开展联合监管，积极反馈预算监管中发现的重大问题，及时完成相关工作并报送部内相关司局。对部内相关司局提出的整改要求，应当认真督导地方财政部门予以落实。

## 第二章　提前下达督导

**第五条** 对财政部每年 10 月 31 日前提前下达的下一年度专项转移支付预计数，专员办应当在指标文件下达后，按照部内相关司局要求做好相应的督导工作，督促地方将提前下达的专项转移支付按时分解下达并全额编入本级政府预算。

**第六条** 专员办开展专项转移支付提前下达督导，主要采取对地方财政部门报送的资料进行书面核查的方式，并应充分利用地方预算综合管理系统。确有必要时，可以采取现场核查方式。

**第七条** 专员办在开展督导工作时，应当重点关注以下内容：

（一）分解及时。省级财政部门是否在收到财政部下达的预算指标文件后30日内将其下达到本行政区域县级以上各级财政部门。

（二）下达完整。县级以上地方各级财政部门是否按照规定范围和比例下达指标，是否存在应下未下情况。

（三）编制完整。地方各级财政部门是否将上级财政部门提前下达的指标全额编入本级财政预算，基层政府预算特别是县级政府预算年初到位率是否达到规定要求。

（四）编列准确。是否按照规定的科目、要求等准确编制预算，预算编制是否符合党中央、国务院等确定的重大财政政策要求。

（五）其他需要督导事项。如已明确下达到具体项目的专项转移支付预计数是否落实到具体单位、项目等。

**第八条** 对专项转移支付提前下达督导中发现的问题，专员办应当及时提醒相关财政部门进行纠正。对违反相关规定且问题较为严重的，专员办应当发出整改通知并督促落实。

上述有关情况，连同督导工作其他情况，应当详细记录在案，形成工作底稿。

**第九条** 各省级财政部门应当在每年11月30日前将提前下达下一年度专项转移支付情况报财政部备案的同时，抄送当地专员办。专员办应当结合日常开展的督导工作，对其报送的相关材料进行核查和分析，确有必要时，可以进行现场核查，形成相应的工作报告，并按有关要求于每年12月15日前报送部内相关司局。

**第十条** 专员办报送的提前下达督导工作报告应主要包括以下内容：

（一）本地区提前下达专项转移支付总体情况；

（二）有关提前下达督导工作开展情况；

（三）省级财政部门报备材料核查情况；

（四）存在的主要问题及原因分析；

（五）整改落实情况及下一步改进建议；

（六）其他需要特别说明的情况。

## 第三章 预算申报审核

**第十一条** 对按有关规定应当由地方政府有关部门向财政部及中央主管部门上报的专项转移支付申报材料，应当逐级审核上报，并由省级财政部门会同省级主管部门在规定时间内将有关材料抄送当地专员办。专员办应当按照工作职责和部内相关司局具体要求对其进行审核并提出审核意见。

**第十二条** 专员办开展的专项转移支付审核，分为一般性审核和重点审核两种模式。对专项转移支付的具体审核模式，由部内相关司局根据需要在年度监管工作计划中确定。

**第十三条** 一般性审核是指对相关专项转移支付申报材料开展的总体性审核，主要包括以下内容：

（一）申报材料要件是否齐全；

（二）各项材料的要素是否完整；

（三）相关内容是否详尽，表达是否清晰；

（四）有关工作流程是否履行；

（五）各相关部门的审核意见是否明确；

（六）其他需要关注的事项。

**第十四条** 重点审核是指在一般性审核基础上，对专项转移支付的要素进行的具体审核，主要包括以下内容：

（一）资金的政策导向是否符合国家政策；

（二）预期使用方向是否符合相关制度办法规定；

（三）是否参考以前年度绩效评价结果，预期绩效目标是否清晰、明确、合理，并和资金申请额度相匹配；

（四）需审核的数据是否真实、准确；

（五）项目是否具备必要的实施条件；

（六）是否存在同其他中央专项转移支付项目的交叉重复；

（七）以前年度使用是否存在问题及整改落实情况；

（八）其他需要重点关注的事项。

**第十五条** 专员办应当在规定的时间内完成相关审核工作并将审核意见

报送部内相关司局。部内相关司局应当根据审核工作量合理确定审核时限，为专员办留出足够时间。

对地方相关部门未按时提交材料的，专员办应当及时提醒；对提交材料不符合要求的，专员办应当及时通知相关部门补充完善。

对无合理客观理由超过规定期限未提交材料或者不按要求补充完善资料，造成专员办无法在规定时间内完成审核的，专员办可以不予受理或者不出具审核意见，并将有关情况在相关报告中予以反映。

**第十六条**　专员办在对申报资料审核的过程中，应加强同地方相关部门的沟通，及时就申报资料中的疑点问题进行核证。确有必要的，可以进行现场核查。

**第十七条**　专员办提出的审核意见应客观、公正，并对是否安排资金或者对申请资金如何调整等形成明确意见，提出明确建议。对出具否定意见或者无法出具意见的情况，应当作出详尽说明。

专员办的有关审核情况，包括资金申请总体情况、审核工作开展情况、发现的问题及沟通情况、相关审核结果，以及对资金支持项目、方向、方式、额度等调整完善政策建议等，形成工作底稿，随同审核意见一并上报。

**第十八条**　部内相关司局在分配专项转移支付时，应将专员办的审核意见作为重要依据，并遵循以下规定处理：

（一）对以基础数据为依据分配的专项转移支付，原则上以专员办审核后的基础数据为准；

（二）对专员办无法出具意见或者出具否定意见的，应当会同主管部门视情况暂缓或者停止安排相关资金；

（三）对专员办提出的相关调整建议，应当作为资金分配的重要参考。

（四）对实际分配结果同专员办意见差异较大的，部内相关司局应在上报部领导相关签报等报告中作出说明，待部领导批准后以适当方式将差异原因等反馈相关专员办。

## 第四章　预算执行监控

**第十九条**　专员办应充分发挥就地就近优势，按照工作职责和财政部要求，逐步建立和完善监控体系，对本地区专项转移支付的预算执行情况进行全面监控，并对部分专项转移支付开展重点监控。

重点监控项目由部内相关司局提出并纳入年度监管计划，也可以由专员办根据工作需要和各地实际自行确定并报部内相关司局备案后实施。

**第二十条** 全面监控是指以本地区所有中央对地方专项转移支付为对象，对其预算执行总体情况开展的监控，重点包括但不限于以下内容：

（一）下达及时性。地方财政部门是否在接到上级专项转移支付后，在规定时间内及时下达本级相关部门或者下级财政部门；

（二）共同责任落实。国务院、财政部明确规定地方有具体负担数额、比例的共担类专项转移支付中地方承担资金部分是否落实；

（三）预算执行进度。预算资金的实际支付情况，以及整体进度是否符合相关要求等；

（四）存量资金盘活。是否存在未按规定及时拨付、调剂、缴回，造成资金闲置沉淀；

（五）专项转移支付整合。专项转移支付整合使用情况，以及是否符合有关规定要求等；

（六）其他违规情况。是否存在未按规定预算科目下达预算、主管部门（单位）直接向下级下达资金、违规将资金从国库转入财政专户等情况；

（七）其他需要关注的内容。如是否及时全面地对财政、审计等部门发现的问题进行整改落实等。

**第二十一条** 重点监控是指以具体专项转移支付为对象，对其项目具体实施情况开展的监控。监控内容除第二十条所规定内容外，还应重点包括以下内容：

（一）资金是否落实到规定项目上，是否存在截留、挤占、挪用或者擅自调剂等违规使用问题；

（二）资金具体用途是否符合国家政策规定和既定使用方向要求；

（三）项目实际进展情况，以及是否按照批复的项目计划或者实施方案实施等；

（四）项目实施是否围绕绩效目标开展，是否发生偏离，能否如期实现绩效目标；

（五）其他需要重点关注的内容。

**第二十二条** 专员办应当进一步加强同地方财政部门的信息共享，充分借助信息系统全面收集整理数据，对相关疑点及时进行沟通，结合通过规定途径获取的稳增长财政政策数据和分析报告等开展全面监控，形成相应的工作报告。

全面监控报告应当围绕监控内容对有关监控情况进行描述，反映发现的问题，进行原因分析，提出改进建议。

专员办应当将专项转移支付的全面监控情况统筹纳入财政部建立的有关统计报告机制中，将全面监控报告作为季度评估报告的组成内容，按季上报部内相关司局。

**第二十三条** 重点监控采取点面结合的方式。专员办既要利用相关信息系统掌握基础数据，也应当根据需要抽取一定比例的项目单位，对项目的实施情况进行现场核查，为重点监控报告提供必要的佐证材料。

对重点监控报告提交时间和内容有具体要求的，按要求执行；没有具体要求的，可以根据需要不定期提交部内相关司局，相关报告内容可以主要集中在发现的问题及改进建议上，并在年度预算执行结束后，形成重点监控报告，于下一年1月30日前报送部内相关司局。

重点监控报告主要包括但不限于以下内容：

（一）纳入重点监控范围的专项转移支付总体执行情况；

（二）围绕监控内容的重点监控开展情况；

（三）监控中发现的问题及整改落实情况；

（四）尚未纠正的主要问题及原因分析；

（五）具体改进及完善的意见和建议。

**第二十四条** 对专员办形成的专项转移支付执行监控成果，应当充分应用。

对预算执行中专员办监控发现的问题，现行文件有明确规定的，专员办应当及时提出处理意见并报部内相关司局备案；现行文件无明确规定或者属于重大问题的，专员办应当及时上报部内相关司局，部内相关司局应当及时提出处理意见，告知地方财政部门并抄送当地专员办。

对财政部提出的处理意见，专员办应当督促地方相关部门整改落实。地方有关部门拒不整改或者整改不到位的，专员办应当及时上报部内相关司局，由财政部会同相关主管部门视情况暂停或者取消该项目的执行。

对专员办提交的预算执行监控报告，部内相关司局应当高度重视，充分参考其所提出的意见建议，进一步完善财政政策、优化支出结构、调整支出方向、健全规章制度，并作为以后年度预算安排的重要依据。

## 第五章　预算绩效评价

**第二十五条**　专员办按照部内相关司局要求，对专项转移支付开展年度绩效评价，或者对到期或者执行时间达到一定期限的专项转移支付开展中期绩效评价，也可以根据需要对省级财政部门开展的专项转移支付绩效评价实施再评价。

绩效评价项目及评价方式，由部内相关司局提出，列入年度监管工作计划。

**第二十六条**　专员办应当按照部内相关司局提出的绩效评价方案，结合当地实际予以必要的细化，全面收集基础信息，开展必要的现场核查，依据科学合理的评价指标，对专项转移支付的绩效情况进行客观公正的评判，并按规定的格式、内容等要求形成绩效评价报告，按时上报部内相关司局。

**第二十七条**　部内相关司局应当充分利用专员办提交的绩效评价结果，将其作为以后年度预算安排的重要参考，以适当形式向社会公开，依据相关要求向国务院、全国人大等进行报告。对故意或者重大过失造成资金无效或者绩效低下的地方部门（单位）或者人员，向地方政府提出问责建议等。

**第二十八条**　经部内相关司局确认的绩效评价结果应当及时反馈专员办，由专员办督促相关部门落实评价结果应用意见和整改要求，并进行整改跟踪。

**第二十九条**　专员办在开展绩效评价工作中，可以根据工作需要和财政部有关规定，采取政府购买服务的方式，委托社会第三方协助实施，并加强对第三方的指导和监督。同时，注重与省级财政部门绩效评价工作的协同。

## 第六章　其他监管事项

**第三十条**　对省级政府提出设立专项转移支付的申请，部内相关司局应当将其转所在地专员办，由专员办依据专项转移支付的设立条件等进行审核，并提出明确意见或者建议，作为财政部决策的重要参考。

对中央部门提出的设立专项转移支付的申请，部内有关司局可以根据实际工作需要，委托专员办开展必要的审核。

**第三十一条**　对财政部提前下达专项转移支付指标之前，需要地方相关部门向财政部和中央部门上报的申请材料，专员办应当按照部内相关司局要求，参照本办法第三章的有关规定进行审核并提出意见。

**第三十二条**　对按照财政部要求应开展的专项转移支付预算、决算等公开工作，专员办应当及时进行督导。对公开不及时、不到位的，应当及时督促整改，情况严重的应当及时向部内相关司局反映。

**第三十三条**　对中央基建投资涉及专员办的专项转移支付监管工作，参照本办法规定执行。

**第三十四条**　专员办应当进一步夯实基础工作，建立健全专项转移支付管理工作台账，收集基础信息，提高信息质量，督促地方财政部门加强专项转移支付项目库建设，根据工作需要采取提前介入等方式主动开展相关工作。

## 第七章　专项转移支付检查

**第三十五条**　专员办在开展专项转移支付监管活动中发现违法违规疑点问题或举报线索要开展检查的，应当按财政检查工作办法等规定要求实施。

**第三十六条**　组织专员办开展专项转移支付全国性、区域性、行业性合法合规检查的，应当纳入年度检查计划，按照国务院“双随机、一公开”的有关要求开展。

**第三十七条**　开展专项转移支付检查，应当按规定制作工作底稿、出具检查报告；对查出的违法违规行为，应当依法依规处理处罚，并充分利用处理处罚决定，及时反馈利用情况。

## 第八章　附　　则

**第三十八条**　专员办开展中央对地方一般性转移支付监管工作，可以参照本办法执行。

**第三十九条**　专员办应当依据本办法，结合具体的专项转移支付管理办法和当地实际，制定本办的专项转移支付监管工作细则并报财政部备案。

**第四十条** 专员办应当按照财政部内控制度和本办内控操作规程以及部内相关司局要求等认真开展专项转移支付监管工作，对未认真履职的，应当承担相应的监管责任。

对拒绝、干扰或者不予配合有关专项转移支付监管工作的地方财政部门和主管部门及其工作人员，依据有关法律法规予以处理，并视情况报请同级政府进行行政问责。

**第四十一条** 本办法自印发之日起施行。